PIERRE
DRACHLINE

Le grand livre de la méchanceté

J'AI LU

à Ingrid, si présente
lors de cette chasse aux méchancetés.

Légitime offense

CERTAINS hommes naissent méchants, d'autres – les plus nombreux – le deviennent au gré des circonstances, des ambitions, des rivalités ou des désillusions qui sanctionnent toute vie. Les plus savoureuses méchancetés sont évidemment les gratuites. Celles qui viennent en bouche ou sous la plume pour le plaisir du mot qui tue. Ces saillies et impertinences consolent de l'hypocrite gentillesse où François Mauriac décelait un *« signe de trahison »* et, surtout, du marigot des bons sentiments dans lequel les foules maquillent leur animale indifférence. À croire, d'ailleurs, que nous ne sortirons jamais de ces sortes d'anesthésies collectives que sont la charité, l'humanisme, la solidarité, etc. Des mots qui servent de masques à une société dont l'inhumanité gagne chaque année en chaleur communicative.

L'humour est incompatible avec toute forme d'aménité. En revanche, il forme un couple parfait avec la mauvaise foi ou l'outrance. À l'instar du misanthrope disposé à suivre n'importe quel enterrement pour la satisfaction de savoir enseveli l'un de ses contemporains, le méchant choisit parfois au hasard sa cible. Il n'a, convenons-en, que l'embarras du choix tant les sujets d'aversion sont nombreux et inépuisables.

C'est peu dire que certains acrimonieux, dont les traits d'esprit sont réjouissants à lire, étaient ou sont des individus peu fréquentables, qu'ils aient été ou soient politiciens, écrivains, artistes ou inutilités de passage. L'un d'entre eux, Louis-Ferdinand Céline, n'écrivait-il pas : *« Si on se laissait aller à aimer les gens gentils, la vie serait atroce. »*

De la légitime défense à la légitime offense, ces citations sont aussi une invitation à ne plus se priver du bonheur de la méchanceté. Si vous ne savez qui viser, vos proches ou ceux qui prétendent l'être feront l'affaire pour un « mot d'essai ».

Pierre DRACHLINE

CHAPITRE PREMIER

DE LA MÉCHANCETÉ COMME UN DES BEAUX-ARTS

Joyeux anniversaire. C'est peut-être le dernier.

Robert Benayoun

*

Je préfère le méchant à l'imbécile, parce que l'imbécile ne se repose jamais.

Alexandre Dumas

*

Les mendiants vivent de leurs plaies : il y a des hommes qui profitent de tout, même du mépris.

François René de Chateaubriand

*

Il reçoit le venin comme un crapaud et le rend comme une vipère.

Comte de Rivarol

*

Un aveugle de naissance m'envoie 50 francs. Réponse : Je lui souhaite de souffrir, un jour seulement, comme je souffre depuis trente ans, *pour voir clair.*

Léon Bloy

*

La libre rapine parée du nom de commerce ne saurait être réhabilitée.

André Breton

*

Un optimiste est un imbécile heureux. Un pessimiste, un imbécile malheureux.

Georges Bernanos

*

J'aime mieux les gens méchants qui savent ce qu'ils font que les braves bêtes.

Charles Baudelaire

*

Je ne tolérerai plus les conversations, sauf les cris d'animaux.

Maurice Blanchard

*

À partir du moment où le plaisir des autres nous fait plaisir, les bons sentiments deviennent suspects.

Philippe Bouvard

*

Il faut rire de la mort ! Surtout quand c'est celle des autres.

Guy Bedos

*

L'exercice de la méchanceté est aussi épuisant que celui de la charité mais il procure d'autres satisfactions.

Yvan Audouard

La force des méchants, c'est qu'ils se croient bons, et victimes des caprices d'autrui.

Alain

*

Crever gros ? Crever maigre ? La différence est pour les porteurs !

Francis Blanche

*

L'esprit méchant et le cœur bon, voilà la meilleure espèce d'hommes. Je fais une épigramme contre un sot, et je donne un écu à un pauvre.

Comte de Rivarol

*

On ne peut être et avoir été. Mais si ! On peut avoir été un imbécile et l'être toujours.

Léon Bloy

*

Les esprits sans méchanceté me désolent autant que les méchancetés sans esprit.

François Bott

*

Nul ne peut veiller sur sa solitude s'il ne sait se rendre odieux.

E. M. Cioran

*

Quelle haleine ! Il n'a jamais pu attraper une mouche vivante.

Jules Renard

L'acte surréaliste le plus simple consiste, revolvers aux poings, à descendre dans la rue et à tirer au hasard, tant qu'on peut, dans la foule. Qui n'a pas eu, au moins une fois, envie d'en finir de la sorte avec le petit système d'avilissement et de crétinisation en vigueur a sa place toute marquée dans cette foule, ventre à hauteur de canon.

André Breton

*

La morale est peut-être la forme la plus cruelle de la méchanceté.

Henri Becque

*

La bêtise ne consiste pas à ignorer quelque chose, mais à parler de ce qu'on ignore.

Jacques Brenner

*

La médiocrité est assez souvent secondée par des circonstances qui donnent à ses desseins un air de profondeur.

François René de Chateaubriand

*

Quand un homme se met au lit, tous ses amis ont un désir secret de le voir mourir ; les autres, dans l'espoir désintéressé d'étudier une agonie.

Charles Baudelaire

*

Ne manquez pas de m'annoncer les décès, s'il y en a ; les nouvelles font toujours plaisir.

Louis Scutenaire

*

– C'est si agréable de n'être de rien ! me dit Édouard Rod.
– Oui, à la condition d'être quelque chose.

Jules Renard

*

L'argent, tout compte fait, aide à supporter la pauvreté.

Alphonse Allais

*

Je conserve les enveloppes de mes correspondants, c'est souvent le meilleur de leurs lettres.

Gérard Le Gouic

*

Mangez-vous les uns les autres !

Marcel Mariën

*

Si l'on doit emboîter le pas aux imbéciles, mieux valait encore qu'on les précédât.

Jean Rostand

*

Un homme lui dit un jour :
– Je n'ai jamais fait qu'une méchanceté dans ma vie.
– Quand finira-t-elle ? répliqua Rivarol.

*

Je suis solitaire, pauvre, paralysé, et je viens d'avoir vingt-huit ans. Mais je me moque de vous, et, avec une arrogance égale à la vôtre, je vous plains, moi. Je vous plains pour le cours uniforme de votre bonne chance et pour la stagnante stérilité de votre esprit. Je préfère mon tourment propre. Moi, je suis mourant, mais vous, d'ores et déjà, vous êtes cadavres.

Barbellion

*

Quelque chose de plus déplaisant que l'arrivisme, c'est l'étalage de la modestie.

Jules Renard

*

La perfidie est la forme de méchanceté des délicats.

Henri de Régnier

*

N'avouez pas que vous êtes un imbécile, votre confident se croirait visé.

Gérard Le Gouic

*

La prudence est la modestie des couards.

Henri Jeanson

*

Se payer la tête des imbéciles est le seul luxe qui n'exige pas de fortune personnelle.

Philippe Bouvard

*

Dans le monde où la bêtise est virulente il nous faut rendre l'intelligence vulgaire.

François Brune

*

Défilé : Une multitude de fieffés crétins qui ont oublié de cultiver le sens du ridicule.

Ambrose Bierce

*

Il y a des dignitaires qui ont grimpé aux honneurs le long de leur indignité.

Ferdinand Bac

*

Quelquefois on me dit : « Pourquoi êtes-vous méchant comme ça ? C'est gratuit ! » Ce n'est jamais gratuit : on me paye pour ça !

Guy Bedos

*

Ce n'est pas difficile de faire de l'esprit quand on est méchant.

Tristan Bernard

*

Rien n'est pire que la méchanceté ou la bonté pure. Il faut qu'elles s'encanaillent.

François Bott

*

Il n'avait pas [...] la bouche voluptueuse, mais pincée, avalée, et l'air propre, rincé, la conscience froide et récurée des gens résolus à mépriser ce qu'ils ignorent.

Marcel Aymé

*

Le cerveau de l'imbécile n'est pas un cerveau vide, c'est un cerveau encombré où les idées fermentent au lieu de s'assimiler, comme les résidus alimentaires dans un côlon envahi par les toxines.

Georges Bernanos

*

Je plains ceux qui ont l'air intelligent ; c'est une promesse qu'on ne peut tenir.

Alain

*

On ne frappe pas un ennemi à terre. On l'achève.

Yvan Audouard

*

– Pour la lèpre, je vous recommande l'île du Diable.
– Et elle est bonne ?
– Fameuse ! C'est là que j'ai eu la mienne.

Robert Benayoun

*

On a toujours un peu honte de citer un nom qui dans cinquante ans ne dira plus rien à personne.

Charles Baudelaire

*

Partout où il y a un imbécile, il y a du danger.

Léon Bloy

*

Ces futurs morts si dynamiques, c'est comique.

Albert Cohen

*

Je vous croyais mort ! Enfin, ce sera pour une autre fois.

Jules Renard

*

Avez-vous déjà giflé un mort ?
Que donc celui qui vient de crever au cœur de la béatitude générale s'en aille à son tour en fumée ! Il reste peu de choses d'un homme : il est encore révoltant d'imaginer de celui-ci, que de toutes façons il a été. Certains jours j'ai rêvé d'une gomme à effacer l'immondice humaine.

Louis Aragon

*

Je n'ai jamais compris comment le risque d'avoir un biographe n'a jamais dissuadé personne d'avoir une vie.

E. M. Cioran

*

Jamais je ne demande des nouvelles des absents : je les suppose morts.

Jules Renard

*

Les imbéciles ont toujours été exploités et c'est justice. Le jour où ils cesseraient de l'être, ils triompheraient, et le monde serait perdu.

Alfred Capus

*

On s'habitue plus facilement à ses armes en en faisant l'essai sur ses amis.

Louis Scutenaire

*

Les grabataires voient le ciel à sa juste hauteur.

Paul Valet

*

S'il ne tourne pas le dos à la morale, un pauvre qui a de l'ambition finira petit-bourgeois, c'est-à-dire dans la médiocrité.

Jean Clémentin

*

Nous n'avons pas oublié les formules des poudres chloratées qui font des viandes royales un salmigondis libérateur !

Raymond Callemin (dit Raymond-la-Science)

*

Qu'il vienne celui qui se dit semblable à moi, que je lui crache à la gueule.

Arthur Cravan

*

La grossièreté est un style, mais c'est la bêtise qui est inadmissible.

Jean Cocteau

*

Les plaisirs de notre jeunesse reproduits par notre mémoire ressemblent à des ruines vues au flambeau.

François René de Chateaubriand

*

La guillotine, c'est le prix Goncourt des assassins.

Louis-Ferdinand Céline

*

Vous me trouvez idiot ? C'est parce que je suis en train d'échanger des idées avec vous !

Paul Claudel

*

Les gens faibles sont les troupes légères des méchants. Ils font plus de mal que l'armée même : ils infestent et ils ravagent.

Nicolas de Chamfort

*

Lorsqu'on n'a pas eu la chance d'avoir des parents alcooliques, il faut s'intoxiquer toute sa vie pour composer avec la lourde hérédité de leurs vertus.

E. M. Cioran

*

Si la méchanceté suffisait pour faire fortune, il y a beaucoup de journalistes qui seraient célèbres.

Coluche

*

Quand on est sourd, on croit que les autres disent des choses intéressantes.

Jacques Chardonne

*

Il y a des moments où l'anonymat est vraiment trop voyant.

Jacques Chancel

*

Je préfère toutes les excentricités d'un esprit même banal aux œuvres plates d'un imbécile bourgeois.

Arthur Cravan

*

Il était si laid que, lorsqu'il faisait des grimaces, il l'était moins.

Jules Renard

*

Passer pour un idiot aux yeux d'un imbécile est une volupté de fin gourmet.

Georges Courteline

*

Un mouchard qui ne se ferait pas aimer des gens qu'il espionne pécherait par manque de conscience professionnelle.

Jean Clémentin

*

Sourd, muet, aveugle, paralytique, il mourut sans s'en apercevoir.

Gabriel Bacri

*

Ne pas naître est sans contredit la meilleure formule qui soit. Elle n'est malheureusement à la portée de personne.

E. M. Cioran

*

Mourir, mais pas avant certains.

Marc Depourque

*

Le rêve des méchants est leur premier supplice.

Jacques Delille

*

Le traditionnel « paix à ses cendres » n'implique pas l'oubli des vivantes saloperie défuntes.

Pierre Dac

*

À part la maladie, la guerre, la mort, ça va ?

Joseph Delteil

*

La grande force des imbéciles est de n'avoir aucun sens moral, tout en donnant l'impression d'en avoir plus que quiconque.

Jean Dutourd

*

Combien qui promettaient beaucoup et qui ont rétréci dans la dernière épreuve, au point de n'avoir besoin que d'un tout petit cercueil.
Il aurait fallu les tuer plus jeunes.

Jacques-Marie Dupin

*

Deux choses sont infinies : l'Univers et la bêtise humaine. Mais en ce qui concerne l'Univers, je n'en ai pas encore acquis la certitude absolue.

Albert Einstein

*

Il y a des gens dont je pense tant de mal qu'il est inutile que j'en dise.

Louis Scutenaire

*

À propos du docteur Petiot :
Après tout, ce n'est pas le premier médecin dont les clients sont morts.

Maître Floriot

*

Il se trouvait ignoble avec une sorte d'étonnement allègre.

Lucien Fabre

*

Le sapin, dont on fait les cercueils, est un arbre toujours vert.

Xavier Forneret

*

Il y a des temps où l'on ne doit dispenser le mépris qu'avec économie à cause du grand nombre de nécessiteux.

François René de Chateaubriand

*

Je dois surtout prendre garde à ne pas trop instruire n'importe qui.

Guy Debord

*

Compter sur quelqu'un comme sur une planche pourrie.

Jules Renard

*

J'ai l'indifférence méchante, agressive, j'écris parfois comme un roquet aboie.

Bernard Frank

*

– Je vous écrirai demain sans faute.
– Ne vous gênez pas, écrivez-moi comme à votre ordinaire.

Comte de Rivarol

*

Il ne suffit pas d'être heureux ; il faut encore que les autres ne le soient pas.

Jules Renard

*

Le bien que m'ont fait les uns, le mal qu'ont essayé de me faire les autres, n'influencera en rien le jugement que je porterai sur eux. Les premiers, en me poussant, ne m'ont pas fait faire un pas de plus ; les seconds, en essayant de m'arrêter, ne m'ont pas fait faire un pas de moins.

Alexandre Dumas

*

Aimer son prochain est une chose inconcevable. Est-ce qu'on demande à un virus d'aimer un autre virus ?

E. M. Cioran

*

La plupart de mes contemporains sont morts, mais personne n'a eu le courage de le leur dire.

Robert Escarpit

*

On est plus méchant quand on est personne.

Anatole France

*

Nous sommes la claque et vous êtes la joue.

Robert Desnos

*

Le goût du tragique, si répandu chez les imbéciles. C'est leur façon de se donner de l'importance.

Jean Dutourd

*

Un sot est un imbécile dont on voit l'orgueil à travers les trous de son intelligence.

Victor Hugo

*

– Savez-vous pourquoi l'air est si pur à la campagne ?
– C'est parce que les paysans dorment la fenêtre fermée.

Eugène Ionesco

*

La méchanceté est de tous les esprits le plus facile. Rien n'est si aisé que d'apercevoir un ridicule ou un vice, et de s'en moquer.

François René de Chateaubriand

*

Je me méprise et je me méconnais. Mais le reste du monde, quel mépris j'ai pour eux !

Théodore Fraenkel

*

Il ne faut jamais porter d'accusation contre le prochain, mais seulement dire qu'il vous dégoûte.

Louis Scutenaire

*

Je n'ai jamais vu un imbécile être cynique : il ne peut être qu'obscène.

Edmond et Jules de Goncourt

*

Ceux qui parlent derrière moi, mon cul les contemple.

Francis Picabia

J'ai un nouveau répétiteur de philosophie. Un singe affligé d'une calvitie précoce. La conformation prognathe doit lui interdire la prononciation du nom Spinoza.

Matthieu Galey

*

Si ceux qui disent du mal de moi savaient exactement ce que je pense d'eux, ils en diraient bien davantage.

Sacha Guitry

*

Je voudrais avoir le courage de travailler à l'avilissement de mes contemporains.

Remy de Gourmont

*

Les sots sont ici-bas pour nos menus plaisirs.

Jean-Baptiste Gresset

*

Le ver de la tombe commence à ronger la conscience du méchant avant de lui dévorer les yeux.

François René de Chateaubriand

*

La méchanceté ne consiste pas à faire le mal mais à mal faire.

Jean Grenier

*

Plus encore que l'intelligence, la cuistrerie est une patrie.

Bernard Frank

*

Le méchant est celui qui aperçoit le mal avec plaisir partout où il est à faire ou à découvrir.

Joseph Joubert

*

On voudrait parfois être cannibale, non pour le plaisir de dévorer tel ou tel que pour celui de le vomir.

E. M. Cioran

*

Même dans son silence il y avait des fautes d'orthographe.

Stanislaw Jersy Lec

*

Au chevet de leur père mourant, Claire-la-peste dit à sa sœur, qui tricote un châle de laine noire : « Ma pauvre, tu n'auras jamais le temps de finir ! »

Matthieu Galey

*

Lamentable hideur de cette foule petite-bourgeoise. Pas un être dont on souhaiterait prolonger l'existence.

André Gide

*

Sa mort l'a fait connaître.
Il peut revenir maintenant.

Sacha Guitry

*

... Mère, sois heureuse ! Papa est carbonisé.

Pierre Cami

*

On doit lire mes travaux deux fois pour s'en approcher. Mais je n'ai rien non plus contre le fait qu'on les lise trois fois. Mais je préfère qu'on ne les lise pas du tout, plutôt qu'une fois seulement. Je ne voudrais pas être responsable des congestions cérébrales d'un imbécile qui n'a pas le temps.

Karl Kraus

*

Il y a des imbéciles au-dessus, comme il y a des imbéciles en-dessous de la moyenne.

Théodore Koenig

*

Continuez à danser, vous autres porcs ; qu'est-ce que cela peut me faire ?

Franz Kafka

*

Un homme d'esprit serait souvent bien embarrassé sans la compagnie d'un sot.

François de La Rochefoucauld

*

Certains menteurs ont tellement besoin de mentir qu'on a pitié d'eux et qu'on les aide.

Jules Renard

*

Je pense valoir mieux que la plupart des hommes que j'ai connus, même avec le sang qui me couvre.

Pierre-François Lacenaire

*

S'il fallait connaître tous les gens avec lesquels on a été en classe, ou tous ceux avec lesquels on a été au régiment ! Pourquoi pas tous ceux avec lesquels on a été en omnibus ?

Paul Léautaud

*

A. – Pourquoi ne venez-vous pas en aide à votre beau-père ?
B. – Pourquoi ?
A. – Il est bien pauvre.
B. – Oui, mais il est travailleur, et je n'ai pas assez de fortune pour en faire un fainéant.

Georg-Christoph Lichtenberg

*

Le spectacle des méchants a fait les gens de bien, comme celui du ridicule a fait les gens de goût.

Comte de Rivarol

*

Voici les marchands d'idées tolérables mais trop molles pour être cuites.

Paul Valet

*

J'ai autant de répulsion envers ceux qui exploitent l'humanité qu'envers ceux qui se sacrifient pour elle.

Louis Scutenaire

*

Il est malheureux qu'il y ait dans le monde plus de bêtise qu'il n'en faut à la méchanceté, et plus de méchanceté que n'en provoque la bêtise.

Karl Kraus

*

Si j'avais été méchant on m'aurait fait plus de bien.

Prince de Ligne

*

Chez moi, un besoin presque incessant de dire du mal des autres, et une grande indifférence à leur en faire.

Jules Renard

*

C'est une grande misère de ne pas avoir assez d'esprit pour parler et pas assez de jugement pour se taire.

Jean de La Bruyère

*

Les fossoyeurs portent souvent une trogne de déterreur.

Gérard Le Gouic

*

Votre seul tort est de n'être pas mort.

Auguste Maquet

*

Le plus grand danger que nous font courir les imbéciles, c'est de nous laisser croire que nous sommes intelligents.

Robert Mallet

*

Que Dieu préfère les imbéciles, c'est un bruit que les imbéciles font courir depuis dix-neuf siècles.

François Mauriac

*

Je taille mon adversaire à la mesure de ma flèche.

Karl Kraus

*

Vous êtes professeur ? Voilà bien le dernier des métiers, un métier que je n'aurais jamais consenti à faire. Apprendre à braire aux ânes. Ils ne le sauront faire que trop tôt.

Paul Léautaud

*

J'aime la saison de la chasse. Un tireur, parfois, en abat un autre.

Gérard Le Gouic

*

Si nous étions un peu plus sévères pour nos amis, ils ne nous paraîtraient pas aussi méprisables quand ils deviennent nos ennemis.

Jules Renard

*

Ce ne sont pas les idées qui mènent le monde, c'est leur absence : – Une fabrique de succédanés.

Gérard Legrand

*

Vous l'estimez grand ? Vous mesurez sans doute la hauteur de ses patins.

Michel de Montaigne

*

Mâchez bien vos aliments avant de mourir.

Henri Michaux

*

Ce n'est pas parce qu'un imbécile a le cancer qu'il devient intéressant.

Marcel Mariën

*

Capacité de la bêtise de toujours s'élever d'un cran.

Pierre-Albert Jourdan

*

Un satiriste qui crache dans le sens du vent se crache lui-même au visage.

Stanislaw Jersy Lec

*

Comme la vengeance, l'ordure, au comble du raffinement, se mange froide.

Jacques-Marie Dupin

*

Tous ces yeux durs, méchants. En cas d'émeute, on n'ose imaginer leur expression.

E. M. Cioran

*

Les méchants n'ont rien d'humain que les passions : elles sont presque leurs vertus.

Joseph Joubert

*

La première déficience morale reste l'indulgence, sous toutes ses formes.

Guy Debord

*

Ne se suffisent à eux-mêmes intellectuellement que les génies et les crétins.

Stanislaw Jersy Lec

*

Si les riches pouvaient payer les pauvres pour mourir à leur place, les pauvres gagneraient bien leur vie.

Proverbe yiddish

*

Il y a des méchants qui seraient moins dangereux s'ils n'avaient aucune bonté.

François de La Rochefoucauld

*

Je vous offrirais bien un parachute si seulement j'étais sûr qu'il ne s'ouvre pas.

Groucho Marx

*

Il n'est pas nécessaire d'être méchant pour agir avec méchanceté.

Robert Mallet

*

Rien ne m'amuse comme de rechercher chez les imbéciles le petit coin d'intelligence et d'originalité qui y sommeille toujours.

Paul Morand

*

J'ai toujours rencontré si peu d'esprit autour de moi qu'il a bien fallu que j'utilise le mien.

Paul Léautaud

*

Ah ! c'est vous le pauvre ? Eh bien, mon ami, continuez.

Henry de Montherlant

*

On n'est vraiment méchant lorsqu'on ne se rend plus compte.

Tomi Ungerer

*

Généralement, les individus qui ont excité mon dégoût en ce monde étaient des gens florissants et de bonne renommée.

Thomas de Quincey

*

J'attrape des ennemis comme un chien attrape des poux.

Jean Yanne

*

Dans un salon où la conversation languissait.
– Laissons dormir M. de Rivarol, ne parlons plus !
Et Rivarol ouvrant un œil :
– Si vous ne parlez plus, comment voulez-vous que je dorme ?

*

Il n'est pas si dangereux de faire du mal à la plupart des hommes que de leur faire trop de bien.

François de La Rochefoucauld

*

Les êtres nous deviennent supportables dès que nous sommes sûrs de pouvoir les quitter.

François Mauriac

*

Pour sentir que ça pue faut-il que vous voyez l'étron ?

Louis Scutenaire

*

Je ne me sépare pas de mes ennemis, par peur de l'ennui après.

Gérard Le Gouic

*

La nécessité de vivre au milieu d'imbéciles n'est épargnée quasiment à personne.

Henry de Montherlant

*

Je n'ai rien vu de grand dans la vie que la cruauté et la bêtise.

Paul Léautaud

*

Celui-là, avec sa vertu, il branle ses vices.

Henri Michaux

*

Les moyens de développer l'intelligence ont augmenté le nombre des imbéciles.

Francis Picabia

*

Je respire où les autres étouffent.
J'étouffe où les autres respirent.

Louis Pons

*

Il est aussi impossible d'être bon avec les autres que méchant avec soi-même.

Georges Perros

*

Comme il doit être heureux, celui qui peut penser au malheur des autres !

Fernando Pessoa

*

Il n'y a point de sots si incommodes que ceux qui ont de l'esprit.

François de La Rochefoucauld

*

– Est-ce qu'il y a des salauds ?
– Je ne crois pas. Mais il est impossible de répondre de façon abrupte, car je ne connais pas tout le monde.

Cité par Louis Nucéra

*

Quelques-uns meurent trop tôt. Beaucoup meurent trop tard. Très peu meurent à temps.

Friedrich Nietzsche

*

Ce n'est pas en payant ses factures qu'on peut espérer survivre dans la mémoire d'un commerçant.

Oscar Wilde

*

D'être méchant, c'est se venger d'avance.

Jean-Paul Toulet

*

Le vice consiste à répandre des
calomnies sur son propre compte
et sur celui des autres
celles-là
faisant passer
celles-ci.

Jean Schuster

*

Quand on est condamné à manger de l'ordure, il faut en manger beaucoup à la fois, sinon on s'y fait.

Louis Scutenaire

*

Les esprits les plus forts et les plus méchants ont jusqu'à présent fait faire les plus grands progrès à l'humanité.

Francis Picabia

*

Le riche, quand il a été bon avec un pauvre, lui demanderait volontiers un certificat de charité.

Jean Rostand

*

À l'industriel qui avait eu beaucoup de peine à obtenir sa Légion d'honneur et qui la lui montrait :
– Comme elle est mince, dit Scholl, on dirait une faveur.

*

La plupart des caractères font naufrage avant d'arriver à la fin de la vie.

Mme de Staël

*

« Aime ton prochain » est une hypocrisie. « Connais-toi » est une utopie mais plus acceptable car elle contient la méchanceté en elle.

Tristan Tzara

*

Je vous prédis... une pauvreté glaciale.

Friedrich Nietzsche

*

Défiez-vous de l'assassinat, il conduit au vol et, de là, à la dissimulation.

Henry Somm

*

Il est rare qu'une plaisanterie puise sa source aux gracieuses entrailles de la Beauté ; mais il est certain qu'elle sort bien souvent des aisselles infectes de la Méchanceté.

Erik Satie

*

Il est mauvais et redoutable. Il aurait été capable d'inventer le cancer si le bon Dieu ne l'avait devancé.

Gilbert Sénécaut

*

Si un homme me tient à distance, ma consolation est qu'il s'y tient aussi.

Jonathan Swift

*

Le plaisir de la méchanceté échappe aux âmes simples.

Jean-Claude Silbermann

*

La vulgarité n'est jamais une preuve d'authenticité.

Jean Sénac

*

Les francs-penseurs sont généralement ceux qui ne pensent jamais.

Laurence Sterne

*

Vous êtes souffrant ? N'ayez crainte, la fin approche.

Robert Benayoun

*

À vingt ans, l'abbé de Bernis sollicita, pour l'obtention d'un bénéfice, le cardinal de Fleury, quatre-vingt-huit ans, et depuis quinze ans Premier ministre de Louis XV. Ils avaient déjà eu quelques piques.
– Monsieur, répondit Fleury, tant que je vivrai, vous n'aurez point de bénéfice.
Bernis fit une révérence.
– Eh bien, monseigneur, répondit-il, j'attendrai.

Roger Vailland

*

La *méchanceté* suppose un goût à faire du mal ; la *malignité* une méchanceté cachée.

Luc de Vauvenargues

*

La peur d'être déçu rend méchant.

Georges Perros

*

Ils deviennent fous, mais ils restent cons.

Julien Torma

*

Le fin du fin de la pédagogie consisterait à *empêcher* d'apprendre. L'apprentissage prématuré de l'ignorance donnerait de si brillants résultats !

Alexandre Vialatte

*

Quand on découvrit à l'autopsie que la matière grise de cet analyste assez éminent pesait trois kilos et vingt-six grammes, même ses adversaires les plus déclarés firent : « Pauvre vieux ! »

Louis Scutenaire

*

Toute discussion se réduit à donner à l'adversaire la couleur d'un sot ou la figure d'une canaille.

Paul Valéry

*

Les artistes sont le résultat d'une avarice de la nature. Le peu d'esprit qu'ils ont est donné par la méchanceté.

Francis Picabia

*

Je ne suis détesté que par des imbéciles – ou par des gens qui sont d'une laideur extrême.
Il est vrai d'ajouter que l'un n'exclut pas l'autre et que l'idiotisme est compatible en outre avec le biscornu.

Jules Renard

*

– Savez-vous, monsieur, que vous valez mieux que votre réputation ?
– Pas possible ?
– Oui, on m'avait dit que vous étiez méchant.
Et Rivarol de pouffer :
– Bah ! il ne faut jamais croire ces racontars, chère madame : on m'avait bien dit que vous étiez bonne.

*

J'embrasse mon rival, mais c'est pour l'étouffer.

Jean Racine

*

À force d'oraisons funèbres, les vivants ont fini par rendre les morts ridicules.

Henri Rochefort

*

Parlez les premiers, messieurs les idiots.

Jacques Rigaut

*

Celui qui n'a pas nos répugnances nous répugne.

Paul Valéry

*

Je demandais à un homme pauvre comment il vivait ; il répondit : « Comme un savon, toujours en diminuant. »

Jonathan Swift

*

Sortant de certaines bouches, la vérité elle-même a mauvaise odeur.

Jean Rostand

*

On doit abîmer les imbéciles... mais toujours avec courtoisie.

Barbara

*

Être méchant, c'est préférer le feu, et la glace.

Marc Guyon

*

Nous naissons tous méchants.

Pierre de Marivaux

*

La morale est l'épine dorsale des imbéciles.

Francis Picabia

*

Tuez-vous ou ne vous tuez pas, mais ne traînez pas sur le monde vos limaces d'agonies, vos charognes anticipées.

Louis Aragon

*

Qu'importe la disparition de vagues humanités, si le geste est beau.

Laurent Tailhade

*

N'ayant pas le loisir de regarder ailleurs que dans les vitrines, les gens achètent là où on leur dit d'acheter. Les chiens se soulagent sur un mur déjà souillé.

Bernard Morlino

*

La guerre justifie l'existence des militaires. En les supprimant.

Henri Jeanson

*

Notre idée de l'immortalité, ce n'est guère que la permission pour quelques-uns de continuer à vieillir un peu une fois morts.

Julien Gracq

*

Bien que somptueusement colonisé par un cancer dernier cri, l'imperméabilité de sa bêtise frisait l'attentat à la pudeur.

Philippe Bosser

*

Le jeune Anglais ajoutait placidement et posément : « Moi j'ai les goûts cruels, mais je m'arrête aux hommes et aux animaux... Dans le temps, j'ai loué, avec un ami, une fenêtre, pour une grosse somme, afin de voir une assassine qui devait être pendue... »

Edmond et Jules de Goncourt

*

Invente, tu mourras persécuté comme un criminel ; copie, et tu vivras heureux comme un sot.

Honoré de Balzac

*

Le propre du génie est de fournir des idées aux crétins vingt ans plus tard.

Louis Aragon

*

La misère a cela de bon qu'elle supprime la crainte des voleurs.

Alphonse Allais

*

Pour faire un mot drôle, je tuerais père et mère. Heureusement que je suis orphelin.

Marcel Achard

*

Les flics, c'est comme les chiens : quand ça vous mord, on n'arrive plus à écarter leurs mâchoires.

Brigitte Aubert

*

Des fois, quand je suis sur les nerfs, je lui en veux, je l'assaisonne à grands coups de bottine, mais après, j'ai le regret, je me dis, c'est la nature chétive, qu'est-ce qu'il en peut, pauvre conard.

Marcel Aymé

*

Déjà le jeu fait fureur aux États-Unis et au Japon, bientôt il gagnera toute l'Europe.
Il s'agit de choisir trois noms parmi les vieillards célèbres et de les proposer dans l'ordre chronologique de leurs décès. Le choix est aisé : Delvaux, Reagan, Garbo, la reine Mary, Gromiko, Mitterrand, Deng Xiaoping, Mère Teresa, etc. On gagne aussi lorsque le trio meurt dans le désordre.

Marcel Mariën

Chapitre deux

DES FEMMES, DES HOMMES ET DES MŒURS

Il sera interdit de brûler vives des personnes par vent d'ouest si le village se trouve sous vent d'ouest. Le même raisonnement vaut pour l'est, le sud ou le nord dans les situations cardinales réciproques et parallèles. Cette position sera prise en vertu du principe qu'on peut accepter de voir griller les siens tout en étant incapables de les sentir.

Philippe de Jonas

*

Dès que vous êtes sur le point d'être violée, sonnez le tocsin. Ayez toujours sur vous une botte de paille. Ça n'évite pas, mais ça adoucit.

François Cavanna

*

Ci-gît Constant Guignard
Homme de rien.

Jean Richepin

*

À quel âge moisissez-vous, mesdames ?

Jean-François Le Baif

*

Les femmes ? Leur cerveau est dans le sein.

Henry Havelock Ellis

Les hommes, il faut les voir d'en haut.

Jean-Paul Sartre

*

Espèce humaine-famille des parasites.

Jules Renard

*

Vieillesse. De certaines beautés effondrées, on pourrait dire qu'elles cuvent leur laideur.

Philippe Bosser

*

Quand la femme ne sert plus de marmite, elle sert de couvercle.

Miguel de Cervantès

*

Faire l'amour avec une femme qui ne vous plaît pas, c'est aussi triste que de travailler.

Jean Anouilh

*

La femme est un animal inepte et ridicule.

Érasme

*

L'homme a tort d'oublier que la femme est son ennemi héréditaire. C'est un oubli qui ne pardonne pas.

Henri Jeanson

*

Les critiques un peu inquiétants qui savent parler des œuvres des autres comme s'ils les avaient faites – de l'intérieur : ce que j'appelle le critique d'annexion – avec cette divination stupéfiante de la femme amoureuse qui comprend tout de l'homme, sauf l'érection.

Julien Gracq

*

Une femme laide lui ayant déclaré :
– Il paraît, monsieur, que vous vous êtes vanté d'avoir obtenu mes faveurs.
Talleyrand répondit :
– Oh non, madame, sûrement pas vanté, accusé peut-être !

*

Les veufs pleurent le plaisir qu'ils avaient à tromper leur femme.

Robert de Montesquiou

*

Les femmes sont comme les miroirs, elles réfléchissent mais elles ne pensent pas.

Henri Béraud

*

Le seul amour fidèle, c'est l'amour-propre.

Sacha Guitry

*

C'est nous qui faisons des femmes ce qu'elles valent et voilà pourquoi elles ne valent rien.

Honoré de Mirabeau

*

Les femmes sont des animaux qu'il faut enfermer, battre et bien nourrir.

Maxime Du Camp

*

Tout individu est achetable. Il ne faut que savoir dans quelle monnaie. Pour les uns c'est simplement l'argent, pour d'autres les femmes ; puis viennent ceux qui ne sont sensibles qu'à l'honneur.

Pierre Hamp

*

C'est vraiment un triomphe pour une religion d'avoir amené une femme, cette faiblesse, ce délicat appareil nerveux, à la victoire de dégoûts, de cette nature, d'avoir amené l'affectuosité d'une créature distinguée à appartenir tout entière à d'abjects et sordides misérables qui souffrent.

Edmond et Jules de Goncourt

*

C'est avec les épouses tristes qu'on fait les veuves joyeuses.

Henri Jeanson

*

Maigreur. Beaucoup de femmes s'en servent comme porte-fesses de leur beauté.

Philippe Bosser

*

Toute femme de moins de huit ans et de plus de soixante ans ne pourra être livrée aux amusements des soldats qu'après une préparation psychologique dispensée avec tact. Cette préparation incombera aux sous-officiers. Dans un cas *initier*, dans l'autre *rappeler*. On évitera ainsi des clameurs funestes au repos des populations.

Philippe de Jonas

Quand la violée vous dit « Mon sauveteur ! », répondez « Je n'ai fait que mon devoir ». Si elle ne dit rien de tel, rappelez le violeur.

François Cavanna

*

Il faut avoir aimé madame de Staël pour comprendre le bonheur qu'il y a à aimer une bête.

Charles de Talleyrand

*

Elle me dit que je suis très intelligent. Je dois l'être un peu, car elle est un peu bête.

Claude Roland-Manuel

*

Que faire des bègues volontaires et des semblants d'aveugles ? Faire le sourd ? Rien à faire contre les détritus les jours fériés, les sens interdits, les contre-enquêtes et les prothèses mentales.

Paul Valet

*

Au fond, ce n'est pas un nom qu'on devrait donner aux hommes à leur naissance. Mais une étiquette. Avec un prix dessus.

Anonyme

*

Les femmes laides ont leur utilité. Si on cherche la respectabilité, il suffit de les inviter à dîner.

Oscar Wilde

*

La différence entre les psychiatres et les autres malades mentaux, c'est un peu le rapport entre la folie convexe et la folie concave.

Karl Kraus

*

L'homme est une bête idéologique. Amour, patriotisme, religion ; solidarité même ; des idées-forces, des idées-leurres qui donnent à son animalité cet aspect si particulier d'absurdité, de servitude aveugle, dont il est tellement fier.

Théodore Fraenkel

*

Je me sens plus d'attachement pour mon chien que pour un homme.

Gustave Flaubert

*

Un mari apprend que sa femme l'a trompé avec un homme célèbre.
– Ah ! s'écria-t-il, comme il va me trouver bête d'avoir si mal choisi.

Ferdinand Bac

*

Qu'est-ce que le bourgeois ? C'est un cochon qui voudrait mourir de vieillesse.

Léon Bloy

*

Le bourgeois ne se scandalise plus de rien. Et quand on fait imprimer un certain nombre de fois les mots merde, étron, cul, les gens vous prient de passer quelques jours dans leur château.

Emmanuel Berl

*

Une femme, qu'est-ce que vous voulez ? C'est un oiseau. C'est impénétrable, non pas parce que c'est profond, mais parce que c'est creux.

Edmond et Jules de Goncourt

*

Ce docteur est si expéditif, qu'il ne donne pas le temps à ses malades d'appeler des notaires.

Alain-René Lesage

*

J'ai longtemps haï et méprisé le genre humain, c'est vrai ; aujourd'hui je le méprise plus que jamais, mais je ne le déteste plus ; et pourquoi ? La haine se commande et le mépris, non. Est-ce donc ma faute si on m'en fournit tous les jours de nouveaux motifs ?

Pierre-François Lacenaire

*

Ne frappez jamais une femme, elle en prendrait vite l'habitude et cela serait très fatigant.

Aurélien Scholl

*

Les domestiques sont haïssables : il n'y a pas jusqu'à leur zèle qui ne vous désoblige.

Pierre de Marivaux

*

Les êtres humains sont connaissables à peu de frais.

Georges Henein

*

Rien ne manque aux funérailles des riches que les gens qui les regrettent.

Proverbe chinois

*

Le femme élégante chevauche son bidet en amazone.

André Ruellan

*

Au bout de l'ivrognerie et de la fainéantise, il y a le relâchement des liens de la famille, les ordures de la promiscuité...

Émile Zola

*

Il sera interdit de torturer les enfants devant leurs mères à moins que celles-ci n'en expriment le désir et que l'enfant promette de ne pas dire de gros mots.

Philippe de Jonas

*

L'honnête homme à Paris ment dix fois par jour, l'honnête femme vingt fois par jour, l'homme du monde cent fois par jour. On n'a jamais pu compter combien de fois par jour ment une femme du monde.

Hippolyte Taine

*

Je ne sais plus comment je vis. Ma femme est malade, et il y a huit jours que je lui promets d'aller chercher le médecin, et j'oublie tous les jours.

Alphonse Allais

*

– Pardon, monsieur, aimez-vous les enfants ?
– Je n'en ai jamais mangé... mais enfin... avec plaisir.

Pierre Cami

*

Les hommes sont des bras morts, des culs-de-sac, des eaux stagnantes...

Robert Escarpit

*

Si je savais avec certitude que j'aurais à partager l'immortalité avec certaines gens, je préférerais plutôt un oubli séparé.

Karl Kraus

*

Il est rare qu'un vivant soit à la hauteur du mort qu'il fera. C'est que tout cadavre nouveau-né travaille pour ainsi dire dans le marbre.

Philippe Bosser

*

... Tous les êtres aimés sont des vases de fiel qu'on boit les yeux fermés.

Maurice Blanchard

*

La vie est un sommeil ; les vieillards sont ceux dont le sommeil a été le plus long.

Jean de La Bruyère

*

Tous les hommes sont menteurs, inconsistants, faux, bavards, hypocrites, orgueilleux et lâches, méprisables et sensuels ; toutes les femmes sont perfides, artificieuses, vaniteuses, curieuses et dépravées ; le monde est un égout sans fond où les phoques les plus informes rampent et se tordent sur des montagnes de fange...

Alfred de Musset

*

Monsieur n'avait que les mauvaises qualités des femmes.

Claude de Saint-Simon

*

Si le goût des honneurs vient aux personnes vieillissant, c'est par logique et hygiène. Quand les reins se fatiguent il faut aimer les fauteuils.

François Nourissier

*

Femmes. Le veuvage les rajeunit.

Joseph Joubert

*

Les hommes d'affaires se croient indispensables à l'humanité ; dans leur bocal, les sangsues aussi.

Jean Clémentin

*

À partir du jour où Dieu a mis l'homme en présence de la femme, le paradis est devenu un enfer.

Henri Jeanson

*

... Je songeais à cette vieille princesse qui, pendant le pillage de sa ville prise d'assaut, courait par les rues en criant : « Où est-ce qu'on viole ? »

Georges Darien

*

Rrose Sélavy trouve qu'un incesticide doit coucher avec sa mère avant de la tuer.

Marcel Duchamp

*

Je ne vois pas que l'émancipation des nègres et des femmes soit quelque chose de bien beau.

Gustave Flaubert

*

À Windsor, je faisais observer à mylord Bolingbroke que la tour où logeaient les filles d'honneur (qui à cette époque étaient fort belles) était très fréquentée par les corbeaux. Mylord répondit que c'était parce qu'ils sentaient la charogne.

Jonathan Swift

*

J'ai toujours jugé les gens sur leur voix (lorsqu'elle n'est pas, comme la mienne, celle d'un estropié du larynx !). Les voix trompent moins que les visages : la concordance entre la voix et la sottise d'une créature souffre peu d'exceptions. Il y a des femmes qui ont la voix si bête qu'on doute qu'elles puissent l'être à ce degré ; mais oui ! Elles sont aussi bêtes que leur voix.

François Mauriac

*

Le dénigrement épinglé à la boutonnière, il arrive que des hommes défendent leur fonds de commerce par la surenchère. Ulcérés de n'être rien, ils hérissent leurs propos de critiques. L'amertume leur sort des pores.

Louis Nucéra

*

Seuls les imbéciles ont l'âge de leurs artères.

Henri Jeanson

*

Quand mes amis sont borgnes, je les regarde de profil.

Joseph Joubert

*

Le meilleur moment dans la vie à deux c'est quand on est tout seul.

Pierre Dac

*

Si le pauvre Roméo avait eu tout à coup le nez coupé net par quelque accident, Juliette, le revoyant, aurait fui avec horreur. Trente grammes de viande de moins, et l'âme de Juliette n'éprouve plus de nobles émois.

Albert Cohen

*

On attachait assez d'importance à un homme pour le brûler individuellement, avec des injures personnelles écrites en rouge sur une mitre jaune, ou même en jaune sur une mitre rouge, qui faisaient de lui, et non d'un autre, le plus affreux sacripant de l'univers. Aujourd'hui on le brûle en tas, à Auschwitz, ou à

Buchenwald, dans un four dont un boulanger ne voudrait même pas pour faire cuire du pain d'orge. Ou alors au phosphore, avec une bombe d'avion, qui grille dix mille hommes d'un seul coup. Or la civilisation consiste à n'assassiner qu'avec choix.

Alexandre Vialatte

*

On peut trouver des femmes qui n'ont jamais eu de galanterie ; mais il est rare d'en trouver qui n'en aient jamais eu qu'une.

François de La Rochefoucauld

*

Les enfants sont comme la crème : les plus fouettés sont les meilleurs.

Edmond et Jules de Goncourt

*

Le mensonge, l'hypocrisie : voilà, peut-être, ce qui distingue le mieux l'homme de l'animal.

Henri Roorda

*

– Ça y est, dit-elle, j'ai été porter les gosses au mont-de-piété. Le 17 et le 23 ne donnaient plus rien à la loterie, à la roulette pas davantage. C'est une martingale que ma claudication a usée.
– Eh bien ! ce sera pour vous un fameux débarras, s'exclama Bibi. Sans compter que vous allez pouvoir vous payer un petit voyage.

Émile Zola

*

Si tu vas chez les femmes, n'oublie pas le fouet.

Friedrich Nietzsche

Pendant la guerre, un homme se résigne à manger son chien, regarde les os qu'il laisse, et dit :
– Pauvre Médor ! Comme il se serait régalé !

Jules Renard

*

Les sentimentaux sont les hobereaux de l'amour. Ils continuent à sonner du cor quand ils n'ont plus la chasse.

Jacques Dyssord

*

J'aime les hommes un par un, mais en troupe et vociférant, je ne puis que les haïr.
Foule humaine en chaleur : fiente de Dieu.

Jacques-Marie Dupin

*

Quand une femme se reconnaîtra dans sa photographie, j'enverrai un bouquet au pape.

James Joyce

*

Ceux qui sont « bien-pensants » parce qu'ils ne peuvent pas être « pensants » tout court.

Roger Martin du Gard

*

Je garde mon pissat depuis hier pour le vieux Struvé. Un Russe à cheveux blancs. Il a quatre-vingt-sept ans aujourd'hui. Au lieu de sa bouillie au gruau, j'ai rempli la Thermos avec mon urine agrémentée de quelques glaçons et d'un trait d'eau de Cologne. Dès que la sœur Lutgarde est sortie, je l'ai empoigné par le cou. Il me voyait venir et serrait les dents comme il pouvait. Mais le bec de la Thermos l'a emporté et je lui ai vidé toute ma pisse dans le corps. Le plus drôle, c'est qu'il ne peut me dénoncer. Qui diable le croirait ? J'ai quand même rincé la bouteille. On ne sait jamais.

Marcel Mariën

*

L'homme est le seul mâle qui batte sa femelle. Il est donc le plus brutal des mâles, à moins que, de toutes les femelles, la femme ne soit la plus insupportable – hypothèse très soutenable en somme.

Georges Courteline

*

La méchanceté marque plus souvent le visage de la femme que la douceur.

Jean Claus

*

C'est à sécréter une salive purifiée de toute insulte humaine.

Jean-Baptiste Para

*

Si des gens doivent être crucifiés le long de l'avenue principale ou pendus aux ormes du mail, on évitera de les conduire à grands coups de pied au cul. Une simple pression dans le dos suffira.

Philippe de Jonas

*

Commencer en poète et finir en gynécologue ! De toutes les conditions, la moins enviable est celle d'amant.

E. M. Cioran

La « femme surréaliste » a été une invention aussi stupide que la « pin-up girl » qui la remplace à présent.

René Magritte

*

La plus belle fille du monde peut donner plus que ce qu'elle a : l'envie d'une autre. C'est d'ailleurs ce qui finit par arriver.

Jean Clémentin

*

Les gens « heureux » sont les mouches du désespoir. Ils ne sentent même pas bon...

Jean-Yves Clément

*

Oui monsieur, je suis un schizoïde et même un schizophrène. D'ailleurs si je n'ai pas proprement le complexe d'Œdipe, j'ai certainement un complexe de supériorité (surtout devant vos pareils). Une pointe de démence, avec tendance désagrégative et agoraphobie, fixation anale, etc. Et avec ça ? Est-ce bien tout ? Quant à vous qui – évidemment – n'êtes rien de tout cela, médecin aux sains soins, vous êtes – non moins évidemment – un con.

Julien Torma

*

Apprenant tardivement qu'en Asie, la cervelle fraîche de singe se dégustait, je m'essayai sur celle d'un nouveau-né. Je constatai, alors, que l'humain, même pris au berceau, ne méritait pas un coup de fourchette.

Ingrid Naour

*

Les passions des jeunes gens sont des vices dans la vieillesse.

Joseph Joubert

*

Je ne peux pas sentir les misanthropes, c'est pourquoi j'évite les hommes.

Stanislaw Jersy Lec

*

Tout le monde parle d'infarctus, de cirrhose, de cancer, bon moi j'dis que la pire maladie des hommes c'est de donner tout son amour à une seule bonne femme.

Michel Audiard

*

Le cadavre d'un homme, de quel côté de la tranchée qu'il soit, sent toujours bon.

Lucien Descaves

*

Plan pour se servir de sa belle-mère. Le plan consiste à la mettre sur une plaque de verre bien isolée du sol et attendre que l'orage arrive : à ce moment-là, si Dieu est bon, elle est foudroyée ; elle se trouve réduite en noir animal, qu'on peut alors utiliser pour coller son vin. Et l'on s'écrie en claquant des doigts : « Elle avait du bon, le tout était de trouver la manière de s'en servir ! »

Alphonse Allais

*

Comme l'ont démontré Mme Ségolène Royal et Mme Simone Weber qui tronçonnait ses maris, la femme peut être agressive et pas qu'un peu.

Philippe Meyer

*

Pour les ravigoter, on remonte les riches, à chaque dix ans, d'un cran dans la Légion d'honneur comme un vieux nichon et les voilà occupés pendant dix ans encore.

Louis-Ferdinand Céline

*

Féministe, elle disait : « Les sexes des femmes sont des aiguillages. » Partie de train restant en gare, je ne pus lui offrir qu'un ticket de quai.

Anonyme belge

*

Quand un homme, le plus bas, le plus vil, le plus bête, commet une saleté, si idiot soit-il, il a le besoin irrépressible de donner à son acte un motif *spirituel, idéologique* ou quelque chose de ce genre.

Maurice Blanchard

*

Au coin du feu, elle lisait dans son journal les statistiques de naissances et de décès. Soudain, elle se retourna vers son mari :
– Sais-tu que chaque fois que j'exhale, un homme meurt ?
– Intéressant, répondit le mari. À ta place, je changerais de dentifrice...

Robert Benayoun

*

L'application de l'électricité sur les parties sensibles des jeunes filles sera subordonnée à l'examen préalable desdites parties. Au cas où il serait décelé des érosions ou petites plaies, la torture sera différée jusqu'à cicatrisation, pour des raisons d'humanité.

Philippe de Jonas

*

C'est vrai, on les guillotine ; mais je n'aime pas la guillotine. Ça fait couler le sang. Il faudrait qu'on emmène tous les voleurs et les assassins dans un grand bateau ; et puis on le ferait couler.

Jean Paulhan

*

Les femmes sont plus sceptiques que tous les hommes, surtout les vieilles.

Francis Picabia

*

Avec des femmes, je poursuis volontiers un monologue. Mais le dialogue avec moi-même est plus stimulant.

Karl Kraus

*

L'esprit de la plupart des femmes sert plus à fortifier leur folie que leur raison.

François de La Rochefoucauld

*

Les hommes sont plus nombreux que les poux.

Isidore Ducasse (dit comte de Lautréamont)

*

Les bourgeois sont si suffisants dans leur ignorance, si sûrs de leur fausse supériorité qu'on a envie de les enfoncer à coups de pelle dans les égouts comme des rats.

Julien Green

*

Le bonheur de celui qui reçoit peut alors faire les délices de celui qui donne, mais pour une durée relativement courte ; le donneur finit par se lasser parce que remboursé en monnaie de singe. Il est vrai que certains êtres ont le génie du reflet.

Jean Clémentin

*

La mauvaise conscience, c'est pour les hommes, les femmes l'ont presque toujours bonne, quand elles en ont.

Pierre Reverdy

*

Épouser une intellectuelle ne vous rend pas forcément intelligent. Vivre avec une idiote ne peut que vous améliorer tous les deux.

Yvan Audouard

*

Le singe est un animal trop débonnaire pour que l'homme puisse en descendre.

Friedrich Nietzsche

*

Un homme bien élevé se lave toujours les dents avant de mourir.
Même si les dents sont fausses.
Surtout si elles sont fausses.

Jacques-Marie Dupin

*

J'épouserais plus volontiers une petite fille qu'une grande pour cette raison que, de deux maux, il vaut mieux choisir le moindre.

Jean Commerson

*

Les animaux ne peuvent pas dire que l'homme est bon pour eux, tant qu'ils n'y ont pas goûté.

Lucien Descaves

*

Au contraire des mouches, on couche mieux les femmes au mépris qu'au respect.

Jean Claus

*

Il y a des gens qui font l'amour sans esprit, comme ils boivent ou mangent. En ce domaine-là non plus, il n'existe pas d'égalité. L'imbécillité se révèle jusqu'à l'intérieur de l'amour.

Claude Courtot

*

Tous ces passants font songer à des gorilles veules et fatigués, et qui en auraient assez d'imiter l'homme.

E. M. Cioran

*

Le cadeau que font à leurs frères humains les imbéciles, c'est comme s'en était « hénaurmément » réjoui Flaubert, de nous fournir maintes occasions de rire.

Jean-François Revel

*

Le mariage est une si belle chose qu'il faut y penser toute sa vie.

Charles de Talleyrand

*

L'homme : une mauvaise odeur qu'il s'agit de pallier.

Marcel Jouhandeau

*

J'ai connu une femme qui avait pris la mauvaise habitude de peindre en bleu ses enfants avant de les jeter par la fenêtre. Cette manie, qui détruisait la spontanéité de son geste, la faisait passer pour méchante.

Pierre Dumayet

*

Il n'y a rien de si laid que la bassesse dans un vieillard.

Prosper Mérimée

*

Talma donc fut probablement servile, bas, rampant, flatteur, etc., peut-être, quelque chose de plus envers Mme de Staël qui, continuellement et bêtement aussi occupée de sa laideur (si un tel mot que bête peut s'écrire à propos de cette femme admirable), avait besoin, pour être rassurée, de raisons palpables et sans cesse renaissantes.

Stendhal

Ma mère me disait :
– Tue-le si tu veux mais après, quand ta petite sœur aura son bac, ça la traumatiserait...

Emma Santos

*

Elle a l'air en feu comme ça, mais c'est une mauvaise cheminée. On entend qu'elle ronfle, et, dès qu'on lève le tablier, la flamme baisse et le bois fume.

Jules Renard

*

– Ce domestique est idiot. Notez que je l'ai choisi pour ça. Je n'engage que des domestiques idiots, les autres me volent. Ou alors, les nègres... Mais on ne trouve plus de nègres. Ils font tous la révolution ou leur licence de lettres.

Michel Audiard

*

Un hasard a donné à l'homme l'intelligence. Il en fait usage : il a inventé la bêtise.

Henri de Régnier

*

Je ne sais plus que faire maintenant. Lire ce poète moderne qui se gratte les méninges pour être incompréhensible ? Retourner au-dehors, revoir ces singes habillés en hommes, tous fabriqués par le social, qui jouent au bridge et ne m'aiment pas et parlent de leurs micmacs politiques dans dix ans périmés ?

Albert Cohen

*

Il était une fois un monsieur très laid. Il épousa une femme très laide. Ils eurent un enfant. Il a fallu le jeter.

Anonyme

*

Le plus dangereux ridicule des vieilles personnes qui ont été aimables, c'est d'oublier qu'elles ne le sont plus.

François de La Rochefoucauld

*

Il n'est pas gentil avec elle ? Il faut bien dire qu'elle n'est guère jolie avec lui.

Jean Giraudoux

*

La pudeur n'est faite que pour les laides ; c'est une invention moderne et chrétienne.

Théophile Gautier

*

Ô vénéneuse sainteté ! Comme il y a des champignons qui empoisonnent, il existe une sainteté qui tue.

François Mauriac

*

... Il se met la main sur ses lèvres pour cacher l'âge de ses dents.

Jules Renard

*

Madame du Châtelet :
Représentez-vous une femme grande et sèche, le teint échauffé, le visage aigu, le nez pointu, voilà le visage de la belle Émilie,

figure dont elle est si contente qu'elle n'épargne rien pour la faire valoir : frisures, pompons, pierreries, verreries, tout est à profusion...

Mme du Deffand

*

C'est une femme qui n'a pas de ventre, un esprit sans entrailles, une momie en vie et en mouvement.

Joseph Joubert

*

Botte autant de culs qu'il se peut et les culs glorieux plus que les autres.

Michel Ragon

*

Avec son vagin en cou de girafe, elle avait réussi à s'introduire dans tous les milieux.

Paul Valet

*

Ils n'ont pas pu avoir de chien, alors, ils ont fait un enfant.

Coluche

*

Le veuvage était le bâton de maréchal de la femme.

Maréchal de La Force

*

À propos des femmes :
Encore une ressemblance avec la politique : elles ne mentent pas, elles s'adaptent.

Jean Claus

*

Madame de Montchevreuil :
De longues dents de cheval, à boire dans une ornière.

Claude de Saint-Simon

*

La plupart des amis dégoûtent de l'amitié, et la plupart des dévots dégoûtent de la dévotion.

François de La Rochefoucauld

*

À mesure qu'on avance dans la vie, l'amour de la société croît en vous avec le mépris des hommes.

Edmond et Jules de Goncourt

*

S'il fallait tolérer aux autres tout ce que l'on se permet à soi-même, la vie ne serait plus tenable.

Georges Courteline

*

Il est de notoriété publique qu'un poète ou un notaire se reconnaissent à leurs cheveux, à leur habit. Un pantalon de velours, grandeur moyenne, indique un anarchiste. Plus grand, c'est un peintre. Il y a la cravate socialiste et la gravité du professeur.

Pourquoi le gouvernement ne leur donne-t-il pas à tous un uniforme ? Ils seraient si heureux de passer, à leurs yeux, quelques secondes, pour un fonctionnaire, un vrai.

Jean Paulhan

*

Les gens sérieux ont une petite odeur de charogne.

Francis Picabia

*

Pourquoi les femmes sont-elles des garces ? Pour cimenter le couple, provoquer l'insécurité. La stabilité, c'est l'indifférence : il convient donc d'entretenir le déséquilibre.

Marcel Mariën

*

Les lèche-bottes sont fidèles. Ils sont prêts à lécher ton sang sur les mains de ton bourreau.

Stanislaw Jersy Lec

*

Un enfant pour moi est un être inachevé, une espèce de monstre, un fœtus plus ou moins monté en graine.

Marcel Jouhandeau

*

Fabrication d'une femme :
Toutes sont bêtes. Les unes par manque d'intelligence, les autres par peur de se servir de leur intelligence.

Roland Dubillard

Le bruit court, dans les cercles bien informés de Londres, qu'il y aurait promesse de mariage entre Jack l'Éventreur et une riche héritière de la haute aristocratie anglaise.
Tous renseignements pris, le sympathique industriel de White-Chapel, suivant son habitude, ne vise pas si haut. C'est, au contraire, un mariage de pure inclination qu'il va contacter : il épouse une ouvreuse.

Erik Satie

*

Comme ils veulent tous une vieillesse protégée et douillette ! L'ouate avant le linceul.

Henry de Montherlant

*

Tous les propriétaires sont des termites.

Arthur Cravan

*

... une taille impossible, ridicule de minceur, adorable comme tout ce qui, chez la femme, a la monstruosité de la petitesse.

Edmond et Jules de Goncourt

*

Que je me voudrais hors du bourbier des assis ! Ils m'apparaissent comme des bêtes, sur qui on a tous les droits : ceux de mentir, de flatter, de nourrir ou d'affamer. Si j'ai un jour le pouvoir dans n'importe quel domaine, je ne jouerai même plus avec eux. Je les laisserai mourir un à un, de leur propre dégoût.

Maurice Lemaître

*

L'amour est aveugle, mais le mariage lui rend la vue.

Georg-Christoph Lichtenberg

*

Je déteste les riches qui vivent au-dessous de leurs moyens.

Karl Lagerfeld

*

Il y a, rue Suger, un lycée Fénelon. Jeunes filles. Autant que j'en puisse juger, de douze à treize ans. Je me suis trouvé passer là à la sortie de midi. Certaines sont déjà fardées comme des catins. Si Fénelon voyait cela !

Paul Léautaud

*

Le végétarien convaincu a de bonnes raisons d'être rassuré. Après sa mort, il demeurera fidèle à ses principes puisqu'il bouffera des pissenlits par la racine.

Jacques Sternberg

*

On appelle charme féminin le cache-sexe de la connerie.

Julien Torma

*

Il n'y a malheureusement pas de remèdes de bonne femme contre les mauvaises.

Jules Renard

*

Selon moi, elle pèse aujourd'hui quatre kilos de trop et, en plus de cela, elle est très petite. Quatre nouveaux kilos ajoutés à ceux-là et elle sera en mesure de trouver un boulot comme ballon de rééducation dans un centre médico-sportif.

Groucho Marx

*

Elle se donnait sans aucun charme. C'était un genre de boucherie, mais indolore, plus crue et en beaucoup plus petite.

Paul Valet

*

Le bourgeois ne se dissipe pas, il se remplit. Il n'aime pas, il s'approprie. Il n'éjacule pas, il retient.

Emmanuelle Arsan

*

Les femmes, autour de la quarantaine, se mettront à ressembler à Bismarck, en plus sec.

Alexandre Vialatte

*

Toutes les femmes écrivent. On ne trouve même plus de femme de ménage.

Paul Léautaud

*

Les femmes, il y a vingt ans encore, ne savaient seulement pas l'orthographe. À présent je connais dix ou douze Sévigné : elles n'ont que trop d'esprit ; il faudrait les arrêter.

Prince de Ligne

*

Un couplet aux jeunes filles, ces serviettes hygiéniques de la poésie.

René Fallet

*

Il va devenir un homme rangé, dès lors il recevra le soleil du con rouge de sa bien-aimée et le bonheur resplendira sur lui comme le soleil sur de la merde.

Gustave Flaubert

*

Je lui sus d'autant plus gré de m'épargner ses abîmes, que pensant bas, elle ne tombait jamais de bien haut.

Anonyme belge

*

Les femmes du monde, à la fin du carnaval, ont l'hébétement des bestiaux à la fin d'un long trimballement en chemin de fer.

Edmond et Jules de Goncourt

*

Tout ce qui tourne en malheur pour une femme abandonnée se tourne en bonheur pour l'homme abandonné.

Honoré de Balzac

*

Pour étudier le bien et le mal chez la femme, deux femmes sont une dépense superflue.

Ambrose Bierce

*

La psychologie. Quand on se sert de ce mot-là, on a l'air de siffler des chiens.

Jules Renard

*

Les jeunes garçons proprets et bien habillés qui se trouvaient à côté de moi au promenoir m'ont rappelé ma jeunesse et, par cela même, m'ont fait une impression dégoûtante.

Franz Kafka

*

Aigle : Volatile prétentieux qui se prend pour ce qu'il n'est pas : il ne vole pas tellement plus haut que la mouette et il n'est pas plus vorace. En somme, c'est l'oiseau qui rappelle le plus l'homme.

Jacques Sternberg

*

Toute mère, au bal, est un notaire déguisé.

Golzan

*

Les femmes sont incapables de renseignements précis : elles commencent par se signer, pour distinguer leur gauche de leur droite.

Charles de Gaulle

*

Ils ont une telle habitude de recevoir des ordres que, ne sachant plus ce qu'ils désirent, ils attendent qu'on le leur dise.

Raoul Vaneigem

*

Parler avec une femme est le plus souvent une insulte au verbe.

Jean Claus

*

Au zoo. Toutes ces bêtes ont une tenue décente, hormis les singes. On sent que l'homme n'est pas loin.

E. M. Cioran

*

Il est des veuves abusives bien avant l'heure, parfois de naissance.

Nino Frank

*

S'il y a des hommes dont le ridicule n'ait jamais paru, c'est qu'on ne l'a pas bien cherché.

François de La Rochefoucauld

*

Bourgeois : l'homme qui ne fait aucun usage de la faculté de penser et qui vit, ou paraît vivre, sans avoir été sollicité, un seul jour, par le besoin de comprendre quoi que ce soit.

Léon Bloy

*

– Et comment va votre grand-mère ? Glisse-t-elle toujours à cheval sur la rampe de l'escalier ?
– Difficilement. J'ai fait mettre des barbelés tout au long de la rampe.
– Et cela l'arrête ?
– Non. Mais cela la ralentit.

Robert Benayoun

« L'homme » n'est souvent qu'une religion parmi d'autres, après d'autres, – un peu plus pâle, un peu plus sotte, un peu moins intéressante que plusieurs autres.

Gérard Legrand

*

Elle s'était fait rehausser le visage tellement de fois qu'il fallait monter sur une petite échelle pour lui parler.

Groucho Marx

*

L'amour est un commerce de liqueurs.

Paul Valéry

*

Ce que nous prenons pour de la cruauté chez l'homme n'est presque toujours que de la lâcheté.

Marcelle Auclair

*

Gentilhommes. Un titre dans la noblesse, un grade dans l'armée, une auto, une grue et un prêtre, avec ça ils peuvent attendre la chute de la République.

Jules Renard

*

La fréquentation des salons m'a appris une chose : à ne plus chercher au coin des rues ce que l'on trouve gratuitement auprès des femmes du monde.

Michel Audiard

*

Si les chirurgiens portent des gants, c'est pour ne pas laisser d'empreintes digitales.

Patrick Timsit

*

Il y a des esprits machines, et qui digèrent ce qu'ils apprennent comme le canard de Vaucanson digérait les aliments. Digestion mécanique et qui ne nourrit pas ; digestion qui n'a pour symptômes et pour effet que des déjections grossières.

Joseph Joubert

*

Le chien... le chien de guerre surtout, est l'ami de l'homme. Ils sont faits et surfaits pour se comprendre. Sauvages !

Lucien Descaves

*

La merde du riche sent meilleur que celle du pauvre.

Marcel Mariën

*

Ces jeunes et fardés futurs cadavres femelles qui rient avec leurs dents, annonce et commencement de leur squelette, qui montrent leurs trente-deux petits bouts de squelette...

Albert Cohen

*

Une femme-soldat, pour moi, c'est un troisième sexe.

Arletty

*

Il faut traiter tous les hommes comme des êtres humains ! Avec la même cruauté !

Stanislaw Jersy Lec

*

La femme est assez proche de l'homme, comme l'épagneul breton. À ce détail près qu'il ne manque à l'épagneul breton que la parole, alors qu'il ne manque à la femme que de se taire.

Pierre Desproges

*

Darwin s'est trompé : l'homme descend du porc. (Le porc, à tout prendre, vaut bien le singe ; il est moins roublard et, de surcroît, bon à manger.)

Jean-Marie Dupin

*

– C'est Robin qui me soigne... alors, je suis tranquille, je ne mourrai qu'à la dernière minute.

Octave Mirbeau

*

Inutile de le nier : si l'homme est un con, la femme le lui rend bien.

Jacques Sternberg

*

Le vieux Joris a passé dans la nuit. Je l'ai eu à l'insuline car il m'empêchait de dormir par ses réclamations incessantes. Il respirait encore faiblement quand je l'ai porté dans la baignoire d'eau froide pour le laver. Je l'ai maintenu sous l'eau pour que ça soit plus sûr.

Marcel Mariën

Après avoir abattu père et mère à coups de fusil, le délinquant juvénile, âgé de huit ans, invoqua comme circonstance atténuante le fait qu'il était orphelin.

Robert Benayoun

*

L'enfer des femmes, c'est la vieillesse.

François de La Rochefoucauld

*

Devant la méfiance générale, on fera réaliser les expériences par des orphelins.

Georg-Christoph Lichtenberg

*

Mieux vaut vivre riche et considéré en mangeant la soupe de python, que d'écouter la veuve crier dans la clairière.

Alexandre Vialatte *(proverbe bantou)*

*

... Oui, j'aime les animaux...
J'aime le poulet,... le mouton,... le canard,... le saumon frais,... le bœuf,... la dinde aux marrons,... et même sans marrons – avec des truffes...
Oui,... j'aime les animaux ;... car je suis bon pour eux... trop bon... même.

Erik Satie

*

La vie honteuse de M. de la S. avait déshonoré jusqu'à la bassesse de sa naissance.

Claude de Saint-Simon

*

La plus belle conquête du cheval, c'est la femme.

Alfred Jarry

*

De la chair de vieillard à la chair d'enfant, le pas est vite franchi.

Marcel Mariën

*

Les femmes ne savent pas qu'avec une phrase, de l'encre et du papier, on peut les oublier.

Paul Léautaud

*

La plus grande saleté qu'on puisse faire à un homme qui vous a pris votre femme, c'est de la lui laisser.

Sacha Guitry

*

Après la Seconde Guerre mondiale, les trains recommencèrent à rouler. On rétablit le tortillard qui reliait notre village à la préfecture. J'en profitai pour abandonner ma femme et mes enfants qui ne parlaient pas encore. Ma femme, elle, ne parlait plus.

Antoine Blondin

*

L'homme est une passion inutile.

Jean-Paul Sartre

*

J'ai beaucoup plus d'amis que d'ennemis, à condition d'aller dans les cimetières.

Jean Schuster

*

Dans ma famille, les animaux domestiques n'étaient ni des chiens, ni des chats, ni des oiseaux ; dans ma famille, les animaux domestiques, c'étaient les pauvres.

Antonio Lobo Antunes

*

Quand une femme dit la vérité, c'est pour déguiser un mensonge.

Henri Jeanson

*

La psychanalyse, c'est l'alibi de la bêtise.

Marcel Mariën

*

Rien de plus surprenant à ce que le cheval soit la plus belle conquête de l'homme. C'est justement l'animal le plus con.

Jacques Sternberg

*

Je n'ai jamais eu de chance avec les femmes. Il est toujours arrivé un moment où leur bêtise a dépassé mon amour.

Paul Léautaud

*

... Le luxe des riches est payé sur la misère des pauvres.

Franz Kafka

*

Landru fut bon voisin, bon père et bon époux mais il avait une vilaine barbe.

Louis Scutenaire

*

Les vieillards et les comètes ont été de tout temps vénérés et redoutés pour la même raison : leurs longues barbes blanches et leur prétention à prédire les événements.

Jonathan Swift

*

Leur trou du cul se lit sur leur visage.

Roland Dubillard

*

Marie Bonaparte ou le vagin édenté.

Marcel Mariën

*

Bigotes. Elles couchent avec Dieu le dimanche, et le trompent toute la semaine.

Jules Renard

*

La beauté est mal répartie : la gueule marche rarement avec le cul.

Jean Claus

*

X. avait, pour exprimer le mépris, une formule favorite : c'est l'avant-dernier des hommes.
– Pourquoi l'avant-dernier ? lui demandait-on.
– Pour ne décourager personne, car il y a presse.

Nicolas de Chamfort

*

Personne ne s'est jamais demandé pourquoi les rats restent dans leurs égouts au lieu de monter à l'assaut de la civilisation dans les rues des grandes villes. La réponse est pourtant simple : ils restent dans les égouts parce que, dans les rues, la puanteur est vraiment trop forte. Ils ne le supporteraient jamais. Il faut être un humain pour supporter ça.

Jacques Sternberg

*

Une femme dort. Elle triomphe. Elle n'a plus à mentir. Elle est un mensonge des pieds à la tête...

Jean Cocteau

*

Faire l'amour à sa femme, c'est comme tirer un canard endormi.

Groucho Marx

*

La décadence c'est quand on n'ose plus appeler la bêtise par son nom.

Henry de Montherlant

*

Madame Babin c'est Titine ! Vous la connaissez pas mais c'est un drôle de personnage : sans la découverte des sulfamides, elle vérolait toute la Charente.

Michel Audiard

*

La race humaine est une saloperie à pattes.

Maurice Blanchard

*

La maman cannibale :
– Combien de fois t'ai-je dit qu'il était mal élevé de parler avec quelqu'un dans la bouche ?

Robert Benayoun

*

Les vieillards aiment à donner de bons conseils, pour se consoler de n'être plus en état de donner de mauvais exemples.

François de La Rochefoucauld

*

Je fis un jour l'épitaphe suivante, pour une femme babillarde : « Ci-gît madame... qui, le 10 d'août 1764, se tut. »

Laurence Sterne

*

Pendant le siège [de Paris en 1870], toutes les femmes ont mangé du chien. On pensait que cette nourriture leur inculquerait des principes de fidélité. Pas du tout ! Le chien a produit sur elles un tout autre effet : elles ont exigé des colliers.

Aurélien Scholl

*

La gestation, chez la femme, dure deux cent soixante-dix jours, au cours desquels elle s'empiffre, s'enlaidit, gémit vaguement, tout en contribuant à faire grimper les courbes de l'absentéisme dans l'entreprise.

Pierre Desproges

*

J'enfonçais des épingles dans le machin de Franz H. Mais le vioque, après avoir gémi un moment, s'est mis à aimer ça. J'ai tout de suite arrêté.

Marcel Mariën

*

Si le rire est le propre de l'homme, il a rarement été plus sale.

Claude Aveline

*

Quand elle eut fini de ravaler ses sanglots, elle dut ravaler sa façade.

Yvan Audouard

*

Grand lit pour vieux époux : cercueil à deux places.

Jacques-Marie Dupin

*

Les ruminants moraux se nourrissent de remords qui les font maigrir. Immoraux, ils s'engraissent gaiement dans les prés. Les premiers vont un peu plus vite que les autres à l'abattoir.

Robert Mallet

*

Si l'on pouvait se voir avec les yeux des autres, on disparaîtrait sur-le-champ.

E. M. Cioran

*

Il existe une sorte d'homme toujours en avance sur ses excréments.

René Char

*

Quand le loup embrassera le mouton, un million de singes penseront qu'ils sont des hommes.

Balthus

*

Il faut que les fermiers aient des enfants, parce que ce sont des ouvriers qui ne leur coûtent rien...

Prince de Ligne

*

Sophie Arnould :
Elle est le plus bel asthme que j'aie entendu jamais.

Fernando Galiani

*

Le lit est le tombeau de l'amour... et le mariage, une concession perpétuelle.

Julien Green

*

Si la femme était bonne, Dieu en aurait une.

Sacha Guitry

*

Y a des gens qui sont trop bêtes pour être innocents.

Alphonse Boudard

*

Le mariage : une femme de plus ; un homme de moins.

Paul Morand

*

Vous êtes grande et sublime : subissez les inconvénients de vos deux qualités, elles ennuient.

Honoré de Balzac

*

Les gens aiment faire du soleil avec de la merde, gens heureux !... Ils sont photogéniques.

Francis Picabia

*

X. est tellement laide que je la regarde sur la pointe des yeux.

Matthieu Galey

*

Je suis allé à Lourdes avec ma femme. Il n'y a pas eu de miracle. Je suis revenu avec elle.

Seymour Brussels

*

En fait de viande, les végétariens ne vivent que de leur propre chair.

Franz Kafka

*

L'ennui chez l'homme célèbre, c'est qu'il se prend pour ce qu'il est devenu, non pour ce qu'il est resté.

Georges Perros

*

La femme est parfois un succédané satisfaisant de la masturbation.

Karl Kraus

*

Si l'on ne voyait que les gens qu'on estime, on ne verrait personne.

Crébillon fils

*

La jeunesse change ses goûts par l'ardeur du sang, et la vieillesse conserve les siens par l'accoutumance.

François de La Rochefoucauld

*

La nudité des êtres aussi provocante que leur tombe : elle sent mauvais et j'en ris.

Georges Bataille

*

L'aspect de ce vieillard fécondait la vermine. Le fumier de son âme était tellement sur ses mains et sur son visage qu'il n'eût pas été possible d'imaginer un contact plus effrayant.

Léon Bloy

*

Avec sa gueule de cul, elle doit utiliser le papier hygiénique comme démaquillant.

Frédéric Dard

*

– Ton père et moi tu nous feras mourir de chagrin.
– Tant mieux comme ça on retrouvera pas l'arme du crime.

Michel Audiard

*

J'aime beaucoup regarder les visages des jeunes femmes. Ça m'amuse de deviner ce qu'elles seront, devenues vieilles.

Jules Renard

*

Dépourvue d'âme, la femme est dans l'incapacité de s'élever vers Dieu. En revanche, elle est en général pourvue d'un escabeau qui lui permet de s'élever vers le plafond pour faire les carreaux. C'est tout ce qu'on lui demande.

Pierre Desproges

*

Ma définition du bourgeois : un ancien serf qui a su épargner et acheter sa liberté. Il n'y a pas trois classes sociales, mais deux : le guerrier et le serf.

Paul Morand

*

Les gens pauvres qui travaillent, qui portent des faix, m'exaspèrent. Les mendiants, les vagabonds, compromettent beaucoup moins qu'eux la dignité de l'homme. En nos pays d'esclaves.

Louis Scutenaire

*

Épouse une charogne et tu deviendras poète.

Jude Stéfan

*

Quand les femmes ne prêtent plus à la médisance, elles s'y adonnent.

Émile Augier

*

Dès qu'on sort dans la rue, à la vue des gens, *extermination* est le premier mot qui vient à l'esprit.

E. M. Cioran

*

Pénélope était la dernière épreuve qu'Ulysse eut à subir à la fin de son voyage.

Jean Cocteau

*

À une femme, lui parlant de sa fille :
Elle vous ressemble comme un crachat.

Eugène Ionesco

*

Je l'embrasse longuement, sur toute la figure à petits coups, comme l'on boit à une bouteille. Seulement je le fais plus machinalement ; et maintenant j'en garde une impression de dégoût, comme d'un escargot qui se promènerait gravement, d'une allure de magistrat.

Jean Paulhan

*

Tout petit ma mère m'a flanqué au séminaire. J'ai gardé de cette expérience une espèce de charité et d'amour du prochain. Vous me présentez un con, j'essaie de trouver l'heure où il ne l'est pas...

Daniel Boulanger

*

Elle est trop laide cette pauvre fille ! Quand on a un nez comme le sien, on ne devrait penser qu'à avoir des rhumes de cerveau et non des amants.

Gustave Flaubert

*

La masturbation, c'est l'asperge du pauvre.

André Frédérique

*

Je connais ici deux hommes laids qui disent que chacun est le plus laid des laids et ils ont raison tous les deux.

Prince de Ligne

*

Madame G., qui déteste son mari, ne cesse de pleurer depuis qu'il a failli mourir : elle tient à sa haine.

François Bott

*

En d'autres temps, on les appelait parasites ou fâcheux. Aujourd'hui, on les baptise ventilateurs parce qu'ils croient produire ie vent de la mode alors qu'ils ne brassent que les flatulences de leur médiocrité.

Philippe Bouvard

*

Je ne sais plus quel empereur de Russie reprochait à sa maîtresse de trop manger : il l'accusait d'être « un tube digestif à pattes ».

Jacques Brenner

*

Est-ce pour procréer que vous faites l'amour ? ou pour gagner de l'argent ? ou par ambition ? ou par défi ? ou par lâcheté ? ou par habitude ? ou par esprit d'imitation ? Cachez-vous, alcôves intéressés, turf de Bourse immonde des exaltations humaines.

Louis Aragon

*

C'est à trop voir les êtres sous leur vraie lumière qu'un jour ou l'autre nous prend l'envie de les larguer.

Léo Ferré

*

J'aime trop la femme pour ne pas lui avouer une vérité : – c'est qu'elle est parfois scélérate. – Qu'elle me pardonne ce mot ; – c'est un os souriant sorti de mon cimetière.

Xavier Forneret

*

Aimer les femmes intelligentes est un plaisir de pédéraste.

Charles Baudelaire

*

Les femmes sont si peu délicates qu'elles se montrent sans honte et tirent fierté de leur peau, de leurs ongles ou de leurs organes.

Marc Guyon

*

Les hommes veulent voir loin et ont des idées courtes. Ils devraient voir court, avec des idées longues.

Jean Cocteau

*

Quand une femme a le don de se taire
Elle a des qualités au-dessus du vulgaire.

Pierre Corneille

*

J'admire le raisonnement du dentiste à qui le malheureux client demande si « ça va faire bien mal ? »
– Oh oui, mais qu'est-ce que c'est que ça, comparé à l'éternité !
Mais tout le christianisme est basé là-dessus.

Paul Paulhan

*

Les parents qui attendent de la reconnaissance de leurs enfants (il y en a même qui l'exigent) sont comme ces usuriers qui risquent volontiers le capital pour toucher les intérêts.

Franz Kafka

*

J'ai presque cent ans, et je n'ai pas d'ennemis... Ils sont tous morts.

Bernard de Fontenelle

*

Maison de tolérance : Il y a des Claudels pour ça.

François Brune

*

Un avortement réussi : la femme est morte.

Ambrose Bierce

*

Un homme sûr : bon à manger. Demain pourri.

Jacques-Marie Dupin

*

Dans ma jeunesse, les femmes, c'était de la chair ; aujourd'hui, c'est de la viande.

Paul Morand

*

Elle a bien dans la bouche de quoi se faire un corset, mais avec ce tour de taille !...

Jules Renard

*

Un fat, d'ailleurs très laid, se vantait devant lui :
– Moi, les femmes m'ont toujours réussi !
Et Rivarol de répliquer :
– Sauf madame votre mère !

*

Le sexe des femmes, il est certain qu'on l'a déjà comparé à tout, mais peut-être pas, ou pas assez, à une tuile.

Maurice Chapelan

*

Une couperose, un décrépissage
Une verrue et des poils au visage.
Voilà disent haut cuistres et pédants,
Vieillards vieillis et outrecuidants,
En de longs discours et du remplissage,
Voilà la rançon sûre du vieil âge.

Arthur Cravan

*

On déclare la guerre des classes, et on se prosterne devant les relents d'une pouffiasse... Que peut l'orgueil et la souveraineté contre la liturgie des odeurs, contre l'encens zoologique.

E. M. Cioran

*

Mme Ancelot, rance et mielleuse, me fait l'effet d'un vieux sirop jaune oublié depuis longtemps dans sa fiole. Ouah ! j'aime cent fois mieux du vinaigre.

Charles-Augustin Sainte-Beuve

*

Dans la religion chrétienne, l'homme est le verrat d'une seule truie.

Louis Scutenaire

*

Plus je connais les hommes, plus j'admire les chiens.

Erik Satie

*

... Le dentiste a expliqué à Tante : « Si vous saviez, il y a des gens si drôles. Ainsi je trouve dans la bouche deux ou trois points insensibles et je commence par y appuyer mon instrument. Eh bien, la moitié se mettent à crier. Alors, que voulez-vous qu'on fasse ? Ce n'est même plus la peine de prendre des précautions. »

Jean Paulhan

*

L'homme a cinq sens ; la femme, un seul simplement.

Karl Kraus

*

Une dame, au cours d'un dîner déclara :
– Moi, quand je serai vieille, je me tuerai !
– Feu ! répliqua Forain.

*

L'appétit qui vous vient en mangeant son semblable n'est que la phase cruciale et remarquablement gastronomique de l'amour du prochain.

Guy Prévan

*

Nous avons une foule d'imbéciles à tuer.

Ezra Pound

*

On m'a vu un jour donner une boîte d'allumettes australiennes imperméables qui pouvaient s'allumer même mouillées. C'était vrai. Mais on avait beaucoup de mal à les allumer quand elles étaient sèches. En fin de compte, ce devait être des allumettes qui ressemblaient d'assez près aux femmes.

Jacques Sternberg

*

Pour la Noël, le crématoire devrait faire grève.

André Malraux

*

Landru, homme sain, si l'on admet l'amour érotique. Car le meurtre achève ce que l'érotisme ébauche. La femme non seulement goûtée, mais consommée.

Roland Dubillard

*

La jeune fille, ce qu'elle est en réalité. Une petite sotte et une petite salope ; la plus grande imbécillité unie à la plus grande dépravation.

Charles Baudelaire

*

L'homme sobre, quand il est enivré, a la même stupidité que l'ivrogne, quand il est sobre.

Laurence Sterne

*

Il faut vraiment être quelqu'un de très bien pour résister à une bonne éducation.

Coco Chanel

*

L'instinct de la femme stupide ne la trompe jamais.

Paul Morand

*

« Un chien a mordu une vieille dame. » Vous vous rendez compte de la vie de ces pauvres bêtes : être obligé de manger des vieux ! L'horreur !

Coluche

*

C'est avec les bonnes bourgeoises qu'on fait les meilleures grues, tous les hommes savent ça.

Michel Audiard

*

Un pédant est un homme qui digère mal intellectuellement.

Jules Renard

*

Certains hommes parlent pendant leur sommeil. Il n'y a guère que les conférenciers pour parler pendant le sommeil des autres.

Alfred Capus

*

Les fonctionnaires sont les meilleurs maris ; quand ils rentrent le soir à la maison, ils ne sont pas fatigués et ils ont déjà lu le journal.

Georges Clemenceau

*

Les vieilles personnes sans méchanceté sont insupportables, comme les enfants sans méchanceté. Un brave gosse, on l'étranglerait, et un vieillard, pareil.

Thomas Bernard

*

Le livre d'une femme peut être bon. Mais alors, faut-il aussi, toujours, louer la femme ?

Karl Kraus

*

Une génération, ce n'est pas un fossé, c'est un trou de mémoire.

François Challais

*

L'amour, c'est l'infini à la portée des caniches.

Louis-Ferdinand Céline

*

L'homme étant le capital le plus précieux, on le tient sous bonne garde.

Jean Clémentin

*

L'homme dégage une odeur spéciale : de tous les animaux, lui seul sent le cadavre.

E. M. Cioran

*

La médecine : La bourse et la vie !

Karl Kraus

*

Coucher avec une femme ne suffit pas pour l'inonder de clarté et la doter d'un cerveau.

Joseph Péladan

*

J'adore les enfants, surtout quand ils pleurent parce qu'alors, on les emmène.

Alfred Capus

*

Le nombre de femmes bêtes qu'il faut user pour oublier une femme intelligente ! C'est à ne pas y croire.

Michel Audiard

*

Le cœur d'une femme est un noyau de pêche. On la mord à pleine bouche, et tout à coup, on se casse les dents.

Jules Renard

*

Si la race humaine a survécu, c'est grâce à l'inefficacité.

Bertrand Russell

*

Un mot de Perrot, le directeur de Normale. Il cause dans un salon avec une dame, sur une jeune fille qui vient de chanter : « Je ne la trouve guère belle », dit Perrot. « Pourtant, je vous assure, mon mari la trouve fort jolie. » Et Perrot d'un geste large : « Oh, votre mari ne se connaît pas en femmes. »

Cité par Jean Paulhan

*

Un peu d'embonpoint, un certain avachissement de la chair et de l'esprit, je ne sais quelle descente de la cervelle dans les fesses, ne messiéent pas à un haut fonctionnaire.

Jules Romains

*

Laver son linge sale en famille en utilisant, pour la lessive, les cendres des aïeux.

Jules Renard

*

Civilisation de marchand au petit pied, au ventre dilaté, à l'esprit défaillant, dormant sur le volcan qu'ils entretiennent de leurs excréments.

Gaston Criel

*

Les femmes sont tellement menteuses qu'on ne peut même pas croire le contraire de ce qu'elles disent.

Georges Courteline

*

Ayant pendant des années, et contre son goût, misé sur les femmes, il avait fini par constater que leur influence équivalait à zéro. Il leur avait donné, pour un faux-semblant, sa jeunesse et sa fougue. Ce garçon se croyait un homme ; il n'était qu'une commodité.

Jean Clémentin

*

J'ai l'intention d'enseigner et, si ce n'est pas possible, je giflerai.

Ambrose Bierce

*

Les enfants du vieux Sus sont venus lui rendre visite, apportant une boîte de pralines et un bouquet de roses. Après leur départ, j'ai tout confisqué. Sœur Gertrude et moi, nous avons boulotté le chocolat. Puis j'ai fait étuver les roses dans une marmite à pression en y ajoutant des oignons et un pot de moutarde. J'ai enfourné le tout dans la gueule du vieux. Sœur Gertrude riait tellement qu'elle en pissait à grosses giclées.

Marcel Mariën

*

... Si au cours d'un interrogatoire un membre du patient se détache, il devra être immédiatement rajusté à son emplacement normal avec de la ficelle et du Scotch et l'homme déposé discrètement en rase campagne dans l'heure qui suivra avec un panier-repas.

Philippe de Jonas

*

Dès qu'une femme me montre ses dents, si belles qu'elles soient, je vois déjà sa tête en tête de mort.

Jules Renard

Chapitre trois

DE LA FRANCE, DES FRANÇAIS DE QUELQUES AUTRES PEUPLES OU PAYS ET DE LA RELIGION

... Chicago sent la colle forte. L'haleine des abattoirs reflue sur le cœur de la ville... C'est une ville dans la ville, un monde au sein d'un monde, le sanctuaire de l'humanité carnivore, le royaume de la mort scientifique.

Georges Duhamel

*

Les Français ne parlent presque jamais de leurs femmes ; c'est qu'ils ont peur d'en parler devant des gens qui les connaissent mieux qu'eux.

Charles de Montesquieu

*

Il n'y a pas à tortiller, il n'existe qu'une seule anagramme à Algérien, et c'est Galérien.

Y.B.

*

Toutes les religions sont tolérantes. Elles tolèrent la misère. Elles sont même *pour.*

Marcel Mariën

*

Je peux me plaire (ô combien !) dans un pays vide. Non dans un pays peuplé de figurants.

Julien Gracq

*

La Patrie c'est le sang des autres.

Henri Jeanson

*

C'est merveilleux de vivre en Californie... à condition d'être une orange.

Fred Allen (dit John Florence Sullivan)

*

L'anticléricalisme, comme la vérole, a d'abord été chez nous une maladie bourgeoise.

Georges Bernanos

*

Un Allemand indiscipliné ! connais pas. Je voudrais bien en voir un !

Bismarck

*

Faire des achats aux Galeries Lafayette, un samedi : rien de plus efficace pour haïr les Français.

François Bott

*

En France, le ridicule ne tue pas. On en vit.

Henri Jeanson

*

Il y a encore quelques personnes heureuses en France ; ce sont des familles qui ne me connaissent pas, qui vivent à la campagne, dans un château, avec 30 ou 40 000 livres de rente, mais je saurai bien les atteindre.

Napoléon Ier

*

L'humanité pullule sur le globe, comme une sale poignée de morpions sur une vaste motte. Jolie comparaison. Je la dédie à Messieurs de l'Académie française.

Gustave Flaubert

*

Anglo-Saxons : des neurasthéniques aux joues roses.

Julien Green

*

Les Français ne lisent pas. Ils achètent des livres. Ça n'entre pas dans leur cervelle mais dans leur budget.

Michel Audiard

*

Le Français est un animal de basse-cour si bien domestiqué qu'il n'ose franchir aucune palissade. Voir ses goûts en art et en littérature.

Charles Baudelaire

*

Nice est le port de refuge de toutes les vieilles belles [...]. Une ville d'intrigants et de vieilles belles, le rendez-vous de toutes les luxures de l'univers et de tous les bas appétits venus là pour les exploiter.

Jean Lorrain

*

Jadis, l'Alsace était comme les cabinets, toujours occupée.

Tomi Ungerer

*

Que serait une France sans képis à feuilles de chêne ? Le néant ! Alors, tout est bien, vive la merde !

Maurice Blanchard

*

Aux attributs français classiques – la cuisine, la mode, le fromage, le vin, le parfum – on devrait ajouter un autre Label France spécial Paris : la méchanceté !

Isabelle Adjani

*

Et allez donc ! Toutes les portes s'ouvrent devant la connerie et la vacherie. Ce pays d'outre-tombe a tous les ambassadeurs et les Barbusse qu'il veut. Pour par cher.

Benjamin Péret

*

La France, qui s'est si longtemps méfiée du billet de banque, est en littérature le pays d'élection des valeurs fiduciaires.

Julien Gracq

*

Où est-il le peuple ? Les Français sont des veaux ! Les veaux, c'est fait pour être bouffé ! Qu'est-ce que je fais à la tête des veaux ?

Charles de Gaulle

*

Une Anglaise est la lutte de la chlorose et la couperose.

Edmond et Jules de Goncourt

*

Amérique :
Une barbarie éclairée au gaz.

Charles Baudelaire

*

L'Anglaise est laide : son type, comme celui de la race slave, n'est pas beau... Ce sont des amazones de la Tamise qui ont fait horreur aux légions des Romains il y a 2000 ans !

Filadelf Gorilla

*

Certains hommes aussi déculottent leur visage quand un Prussien leur parle.

Maurice Blanchard

*

L'Américain qui, le premier, a découvert Colomb a fait une fâcheuse découverte.

Georg-Christoph Lichtenberg

*

Chaque fois que les cannibales sont sur le point de mourir de faim, Dieu, dans sa bonté suprême, leur envoie un missionnaire bien grassouillet.

Oscar Wilde

*

À force d'être violée, l'Alsace a découvert la jouissance.

Tomi Ungerer

*

La Suisse a de grands avantages, comme la maladie ; elle délivre de la société.

Voltaire

*

Australiens :
Ils ont toutes les choses mauvaises que ne devrait jamais présenter l'humanité, et plusieurs dont rougiraient les singes, leurs congénères.

Buttler Earp

*

Vous n'avez pas vingt ans ; votre visage est couvert de pustules suppurantes, de servilité, de patriotisme, de merde et d'abjection. Vous portez des binocles, ayant la vue basse par la suite d'une lutte menée vainement contre l'onanisme et d'une fréquentation réitérée des prêtres, des pédérastes, des officiers, des marguilliers, des lecteurs de *l'Écho de Paris* et autres bon Français.

Jean Caupenne et Georges Sadoul

*

Le tiers monde, c'est ce qu'il reste quand on a tout bouffé.

François Brune

*

Les Anglaises ont deux bras gauches.

Comte de Rivarol

*

France. Sa vulgarité est la pire. Ses aspirations à la médiocrité s'amplifient à l'idée qu'elle a besoin d'effort pour y atteindre.

Claude Roland-Manuel

*

La France digérait l'Europe et Grimod de La Reynière répugnait à des digestions vulgaires.

Henri Chadrenli

*

Il faut en finir une fois pour toutes avec ceux qui arborent des décorations à la boutonnière. Ce pays est transformé en étable modèle ; il est tout à fait intolérable de vivre au milieu de porcs primés à divers titres : le porc ancien combattant, le porc sportif, le porc travailleur, le porc reproducteur, le porc littéraire, etc. Lorsqu'on fait mine de vouloir nettoyer leurs écuelles, tous ces pourceaux crient : « Vive la France. »

In *L'Archibras*

*

Soldat inconnu, connais pas... Comme si vous me parliez peau-rouge. Et encore, les Peaux-Rouges, ils ont le bon esprit, quand c'est fini, d'enterrer la hache de guerre. Nous, c'est le guerrier qu'on enterre, mais le matériel, on le conserve. Pas si bêtes... Pauvre Soldat inconnu !

Antoine Blondin

*

Israël ne cultive pas ses Arabes. Il les transplante.

Shlomo Reich

*

Chaque jour, à tous moments, un patriote au moins chie, sans scrupules, sur le sol sacré de la patrie.

René Magritte

*

En hommage aux victimes du football de Sheffield, le bombardement de Beyrouth a été suspendu pendant une heure.

Marcel Mariën

*

Ce n'est pas parce qu'ils sont chrétiens qu'ils sont médiocres. C'est parce qu'ils sont médiocres en tout, c'est parce qu'ils sont des médiocres, qu'ils sont aussi des médiocres chrétiens.

Henry de Montherlant

*

Continuons de souiller tous les monuments aux morts pour en faire des monuments d'ingratitude. Avouons que seule une nation de porcs peut avoir eu l'idée d'honorer le soldat inconnu – un déserteur allemand, souhaitons-le ! – en plaçant sa tombe sous un arc de triomphe grotesque qui, avec ses quatre pattes écartées, semble conchier le pauvre bougre que, pour la ligne bleue des Vosges, un jour blanc de neige, on envoya répandre son sang rouge.

Benjamin Péret

*

Ventrus et repus, le gilet aussi satisfait que la lippe, les bourgeois lyonnais font corps avec les banquettes des restaurants. Du saindoux sur de la moleskine !

Henri Chadrenli

*

L'anglais ? Ce n'est jamais que du français mal prononcé.

Georges Clemenceau

*

Lettre d'un Belge qui entreprend de me mystifier. Le planisphère de la sottise humaine est excédé, quand un Belge veut être spirituel.

Léon Bloy

*

L'opinion est la reine du monde, parce que la sottise est la reine des sots.

Nicolas de Chamfort

*

La France est une nation SOUPIÈRE.

Alexandre Dumas

*

On n'empêche jamais les Français de regarder à la télévision les pires atrocités, que ce soit les enfants du tiers-monde ou les guerres, tout en continuant de boire et de bâfrer, leur seule préoccupation étant de savoir si l'image et le son sont bons.

Jean Yanne

*

Des maroufles d'étudiants vocifèrent par la rue Vaugirard et dégorgent le trop-plein de leur charcuterie. Eh bien, je les envie ces porcs, ces boutures de tabellions ! Ils sont pleins d'alcool et de contentement, avec des maritornes aussi bêtes que les volailles qu'ils épouseront plus tard.

Laurent Tailhade

*

Les films français sont comme des films tournés en flamand.

Robert Altman

*

La Prusse : Libéralité avec muselière.
L'Autriche : Cachot où l'on peut crier.

Karl Kraus

*

Sur l'Allemagne :
Cette culture, repoussante en archéologie, où elle apparaît prodigieusement surfaite ; ridicule en histoire, où depuis cinquante ans elle n'a pas produit une œuvre de valeur ; grotesque dans les arts graphiques, où elle ne saurait émouvoir quelque homme que ce soit, cette culture n'a de succès qu'en musique. Si, là, elle domine la note, c'est donc là qu'il faut l'écraser.

Frédéric Masson

*

Le train le plus rapide est français
La suprématie de la technique est française
Et allez donc !
La connerie est française
Les porcs sont français.

Paul Éluard

*

Les Polonais :
L'ancien état de choses était le bon : un peu de ce peuple à tous ses voisins, pour le faire tenir tranquille.

Paul Léautaud

*

Ce qu'il y a de bon avec le Soldat inconnu, c'est qu'il ne risque pas de revenir.

Alexandre Vialatte

*

Quelle importance que Rimbaud ait ou non adhéré au catholicisme ?
L'essentiel n'est-il pas qu'il lui ait fait le plus grand mal ?

Louis Scutenaire

*

Quand les bourgeois français ont trouvé quelque bon ou mauvais mot qui traduise fidèlement leurs opinions ou leurs peurs, ils en sont fiers comme d'une victoire. Oh ! comme ils seraient forts, et sur terre et sur mer, si l'on gagnait des batailles avec des calembours !

Ernest Cœurderoy

*

Les Français m'agacent prodigieusement, mais comme je ne connais aucune langue étrangère, je suis bien obligé de parler avec eux.

Michel Audiard

*

Si le Claudel (Paul) n'avait pas déserté de nos scènes pendant l'Occupation, le Claudel (45 % de matières grasses) avait, en revanche, totalement disparu de nos tables. Des deux, le véritable résistant c'était le second. Qu'il nous soit permis de lui rendre ici un hommage désintéressé. Ce Claudel-ci coule, mais ne flotte pas.

Antoine Blondin

*

Les autres parties du monde ont des singes. L'Europe a les Français.

Arthur Schopenhauer

*

Quand il règne dans un ouvrage une haine profonde et radicale de la France, il est évident que seul un Français peut l'avoir écrit.

Jean Dutourd

*

De Gaulle a raison de penser qu'il incarne la France ; il a tort de penser que c'est flatteur.

Jean-François Revel

*

Les Français sont des Italiens de mauvaise humeur.

Jean Cocteau

*

Tout drapeau planté dans un sol le rend stérile.

Raoul Vaneigem

*

Un Allemand torturé devient un philosophe. Un Juif torturé comprend la philosophie.

Shlomo Reich

*

Américains :
Ils sont tous bien lavés, bien rasés, bien astiqués. Y a pas à dire, c'est les rois de la savonnette !

Arletty

*

La France est un pays d'une incroyable fécondité : on y plante des fonctionnaires et il y pousse des impôts.

Edmond et Jules de Goncourt

*

Que voulez-vous que je fasse de cette France qui s'aplatit, de cette vachardise ?... Que voulez-vous que je fasse au milieu des veaux ?...

Charles de Gaulle

*

Le Français aime les tombes ; il méprise la jeunesse, et c'est en conserves qu'il se régale un jour de primeurs.

Jean Cocteau

*

Les Anglais sont au genre humain ce que les dinosaures furent au genre animal. En moins sympas.

Frédéric Dard

*

L'esprit français, en cette fin de siècle, rappelle invinciblement l'effroyable charogne de Baudelaire et les journalistes sont sa vermine.

Léon Bloy

*

C'est une mode d'être laid en France et la plupart des acteurs sont franchement moches. Les Français aiment le réalisme...

Roman Polanski

*

Le Français moyen est un animal invertébré. Son origine remonte à l'an 40 avant Casimir Périer.

Pierre Dac

*

Ce sourire de fesses sur LEURS faces ? Se rappeler l'euphorie douillettement gâteuse qu'éprouvent les blessés à la tête quand les circonvolutions frontales sont suffisamment entamées.

Julien Torma

*

Le Français aura beau faire, il ne sera jamais qu'un courtisan, n'importe de qui, pourvu que ce soit un puissant du jour.

François René de Chateaubriand

*

Français. Tout ce qui n'est pas bas les étonne ou les exaspère.

Henry de Montherlant

*

Les Français se regardent à la boutonnière comme les chiens se flairent où vous savez...

Aurélien Scholl

*

Le christianisme voudrait dire merde mais il ne parle pas français.

Francis Picabia

*

Dieu : Grandpapapersonne, collecteur de prépuces.

James Joyce

*

Un Anglais clairvoyant déclare que voter pour Maastricht, c'est demander aux dindes de voter pour Noël.

Julien Green

*

Tout est saucisse en Allemagne ; la phrase allemande est une saucisse, l'Allemagne politique est une saucisse, Goethe, saucisse.

Paul Claudel

*

Quand l'Anglais s'humanise et se dépouille de sa raideur britannique, qui est pour lui comme un certificat de distinction, il devient alors plus que bourgeois, trivial et vulgaire.

Jules Michelet

*

Qu'est-ce que la France je vous le demande ? Un coq sur un fumier. Ôtez le fumier, le coq meurt. C'est ce qui arrive lorsqu'on pousse la sottise jusqu'à confondre tas de fumier et tas d'ordures.

Jean Cocteau

*

Le monde est peuplé d'imbéciles qui se battent contre des demeurés pour sauvegarder une société absurde.

Jean Yanne

*

Les Belges poussent, ma parole, l'imitation à l'excès !
Et s'ils attrapent la vérole c'est pour ressembler aux Français.

Charles Baudelaire

*

Ce serait un grand débarras de bêtise humaine et d'imbécillité élégante, qu'une machine infernale qui, par un beau jour, tuerait tout le Paris qui fait, de trois à six, le tour du lac du bois de Boulogne.

Edmond et Jules de Goncourt

*

Le Français est le vieillard de l'Europe.

Paul Morand

*

Nos trouillardes « élites » sont éternellement semblables à elles-mêmes : elles ne cessent jamais de faire dans leurs culottes... Jadis, par peur des bolcheviques, elles se sont frileusement jetées dans les bras des Boches, et ça a été la collaboration... Aujourd'hui, d'instinct, elles reprennent la même direction : elles vont terrer leurs écus de l'autre côté du Rhin.

Charles de Gaulle

*

Lisant les journaux dans sa prison le docteur Petiot disait : « Combien je me félicite de n'avoir jamais eu de sentiments humains. »

Louis Scutenaire

*

L'Angleterre :
Une colonie anglaise qui a mal tourné.

Georges Clemenceau

*

La Belgique est grande comme un mouchoir de poche dont elle a les humidités, les disgrâces.

Louis Scutenaire

*

Les Français :
Le Pernod, le « Vel d'Hiv », le bordel, quelles raisons de vivre !

François Mauriac

*

Rien de plus affligeant que des Ricains à table, sinon des Hindous en train de déféquer.

Frédéric Dard

*

Nice est un mouroir dans lequel les vieillards se reproduisent à l'infini.

Henri Chadrenli

*

C'est l'anniversaire de l'imbécile roi Christian et tout le Danemark est en fête. Son ignoble gendre, le prince de Galles, est à Copenhague, ayant échappé à une tentative d'assassinat à la gare du Nord, à Paris. Un jeune Belge a tiré ce cochon et l'a raté. On les saigne, ordinairement. C'est plus sûr et meilleur pour le boudin.

Léon Bloy

*

À travers les innombrables vicissitudes de la France, le pourcentage d'emmerdeurs est le seul qui n'ait jamais baissé.

Michel Audiard

*

L'Allemagne, c'est la langue où je me tais de préférence.

Jules Renard

*

Tout ce qu'il y a de chancelant, de louche, d'infâme, de souillant et de grotesque, passe pour moi dans ce mot : Dieu.

André Breton

CHAPITRE QUATRE

DE LA SOCIÉTÉ, DE L'HISTOIRE ET DE LA POLITIQUE

Le Sénat ? Une assemblée d'hommes de manies heureusement corrigées par une abondante mortalité.

Édouard Herriot

*

La liberté est une peau de chagrin qui rétrécit au lavage de cerveau.

Henri Jeanson

*

Le libéralisme, ce n'est qu'un alignement de mots. La réalité a toujours été différente ; le discours libéral, c'est le discours du maître.

François Mitterrand

*

Comme le jour se levait sur Berlin, un chien de l'Est et un chien de l'Ouest levèrent la patte en même temps sur le mur de la Honte.

Marcel Mariën

*

Le peuple ? Un âne qui se cabre !

Victor Hugo

*

Philippe Seguin – Ses principes sont si solides qu'il peut s'asseoir dessus.

Philippe Meyer

*

Môssieur Maurice Faure veut un gouvernement européen. C'est la seule chance qui lui reste de devenir ministre.

Charles de Gaulle

*

Sur Silvio Berlusconi :
Tout petit déjà, Berlusconi disait : « Je deviendrai président du Conseil ou rien. » Il est parvenu à devenir les deux.

Roberto Benigni

*

À propos de Michel Rocard :
Il a pris un quart d'heure de retard au début de sa vie, il ne l'a jamais rattrapé.

Jacques Julliard

*

En France, la gauche trahit l'État et la droite trahit la Nation.

Charles de Gaulle

*

Madame Cresson démontre une exceptionnelle capacité à faire regretter n'importe qui.

Philippe Meyer

*

Tant qu'il s'agite, qu'il va d'un meeting à l'autre, M. Chirac est hors de danger, le cirque est son élément.

Bernard Frank

*

Il y a plus d'humanité dans l'œil d'un chien quand il remue la queue que dans la queue de Le Pen quand il remue son œil.

Pierre Desproges

*

Ce sont des hommes publics : ils sont sortis de l'ombre pour entrer dans la boue.

Louis Scutenaire

*

La liberté est un mot qui a fait le tour du monde et n'en est jamais revenu.

Henri Jeanson

*

M. Thiers commence toujours par parler des choses ; il finit quelquefois par les apprendre.

Charles-Augustin Sainte-Beuve

*

Chirac est un de Gaulle sans le 18 juin, mais disponible pour un 13 mai.

François Mitterrand

*

Le gouvernement pourrait peut-être nommer un secrétaire d'État à l'Euthanasie qui appliquerait le même traitement à tous les chômeurs. Seule resterait vivante la race divine des fonctionnaires.

Maurice Blanchard

*

Comme la fleur de lis des poubelles
que les vaches refusent de brouter
parce qu'elle répand une odeur de dieu
dieu le père des boues
qui a donné à Louis XVI
le droit divin de crever
comme un chien dans une lessiveuse

Benjamin Péret

*

Charles de Gaulle :
Nous l'appelons Jeanne d'Arc et nous cherchons quelque évêque pour le faire brûler.

Winston Churchill

*

Le peuple déteste les très riches, sauf s'ils sont avares : en ce cas, il les admire.

Paul Morand

*

Georges Clemenceau [88 ans] dit à son médecin :
– Pour mon enterrement, je veux le strict nécessaire, n'est-ce pas ?
– Qu'entendez-vous par le strict nécessaire ?
– Moi !
Puis voyant arriver un prêtre avec l'extrême-onction : « Enlevez-moi ça ! »

*

La politique sociale est la décision désespérée d'entreprendre sur un cancéreux une opération du durillon.

Karl Kraus

*

Albert Lebrun :
Au fond, comme chef de l'État, deux choses lui avaient manqué : qu'il fût un chef, qu'il y ait un État.

Charles de Gaulle

*

Laurent Fabius :
Petit monstre froid, lisse et blanc, avec ses emportements presque vulgaires de gosse de riche.

Bernard Frank

*

Nicolas Sarkozy :
Il a, caché dans un repli de l'âme, un asticot affamé qui, sans être jamais rassasié, se nourrit d'écharpes tricolores, de voitures de fonction, de téléphones cellulaires, de rapports des Renseignements généraux, le tout cuit au jus de la *combinazione.*

Philippe Meyer

*

Dans la police il y a des suicides. Mais c'est à cause de Debré, ils meurent tous quand ils le voient.

Pierre Joxe

*

Autrefois de Gaulle était de Gaulle. Il n'est maintenant qu'un gaulliste.

François Mitterrand

*

La phrase la plus bête qu'aucune oreille humaine ait jamais entendue est celle qui a trait aux « lendemains qui chantent ». Quel autre lendemain que la pourriture, que la dissolution et que le néant ?

François Mauriac

*

Clemenceau :
Il est crevé
Asticots jusqu'au bout
Dévorez cette charogne
et que ses os soient les sifflets de la révolution.

Benjamin Péret

*

Le mouvement chez Chirac a toujours précédé la pensée. Souvent, aussi, il en tient lieu.

Dominique Jamet

*

Chirac, c'est l'impunité en toute impudeur.

Lionel Jospin

*

Sur Georges Mandel, son directeur de cabinet :
Quand je pète, c'est Mandel qui pue !

Georges Clemenceau

*

Monsieur Jean-Marie Le Pen est un sapin de Noël. (Ce n'est pas tout à fait exact, mais si on dit qu'il est un fasciste, il fait un procès.)

Pierre Desproges

*

Abel Bonnard : un nain, sur lequel on a tiré.

Coco Chanel

*

Monsieur de Mirabeau est l'homme du monde qui ressemble le plus à sa réputation : il est affreux.

Comte de Rivarol

*

Pompidou a le nez faux des masques de Pulcinella. (Très mauvais signes ; fourberie.) Quant à Poher, triste tâcheron, chaussant ses lunettes pour lire, à la télévision ne regardant jamais l'auditoire, sans flamme dans les yeux, sans ardeur, sans force ; de la bonhomie, quand il faudrait tout le contraire. Voter pour ces deux-là ? Pas souvent. Veaux, deux chefs de veaux.

Paul Morand

*

Le 21 janvier 1793, Louis XVI avait un emploi du temps particulièrement chargé.

Marcel Mariën

*

Sur Jacques Chirac :
Au fond cet homme est fou, il dit et fait n'importe quoi. Il peut se faire élire après moi, mais il serait vite la risée du monde.

François Mitterrand

*

« Il suffisait que vous leur disiez un mot pour qu'ils rentrent sous terre », avait rétorqué Emmanuelli. « Sous terre ? Vous n'y pensez pas, avait bondi Mitterrand, je n'ai pas envie de les y retrouver ! »

In *Journal du dimanche*

*

Ce n'est pas que l'argent n'ait pas d'odeur, c'est que l'homme n'a pas d'odorat.

Henri Jeanson

*

On dira que René Bousquet a toujours eu de la chance, y compris en ce matin de juin où quatre balles de revolver l'ont sauvé d'avoir à montrer publiquement ses mains pleines de sang.

Françoise Giroud

*

La droite française, l'une des plus hargneuses du monde, des plus bêtes aussi, a quand même bien de la chance : avoir en face d'elle la gauche la plus molle du monde.

Jacques Sternberg

*

Il y a deux choses inutiles. La prostate et la présidence de la République.

Georges Clemenceau

*

Valéry Giscard d'Estaing :
Je le verrais assez bien baron du chômage, marquis des inégalités, comte de la hausse des prix, duc de la technocratie, prince de l'électoralisme et roi de l'anesthésie.

François Mitterrand

*

1963. À propos d'Édouard Herriot :
Il a eu la bonne idée de mourir avant que je revienne aux affaires, ça m'a évité d'avoir à décider sur ses funérailles nationales.

Charles de Gaulle

*

Ce qui est horrible chez les hommes politiques comme chez les flics, c'est qu'ils donnent l'impression d'avoir été faits pour ça.

Georges Perros

*

Georges Marchais :
Aucun menteur n'a jamais montré autant d'empressement à se faire prendre en flagrant délit dans la minute même de son imposture. Certes, le mensonge était indispensable à Marchais pour l'aider à se maintenir là où il l'avait porté. Mais l'art du menteur exige que l'on n'en ait point la tête.

Jean-François Revel

*

Sur Lyautey :
Voilà un militaire qui a des couilles au cul. L'ennui, c'est que ce ne sont pas les siennes.

Georges Clemenceau

*

Tous ces phraseurs de la politique et des journaux. Tous ces commis-voyageurs beaux parleurs, je les ai en horreur en langage et par écrit.

Paul Léautaud

*

Pétain : La carne de la patrie !

Maurice Blanchard

*

Ayons une pensée pour le « mieux-disant culturel » inventé par François Léotard, et qui est devenu une référence aussi incontestée en matière d'hypocrisie que le mètre étalon du pavillon de Breteuil en matière de mesure.

Philippe Meyer

*

Alors les hommes qui écrasent les sénateurs
comme une crotte de chien
se regardant dans les yeux
riront comme les montagnes
obligeront les curés à tuer les derniers généraux avec leurs croix
et à coups de drapeau
massacreront les curés comme un *amen*.

Benjamin Péret

*

L'histoire prouve surabondamment que les hommes de pouvoir sont des dérangés mentaux, probablement d'une sexualité trouble.

Louis Calaferte

*

Il y a deux sortes de bergers parmi les pasteurs des peuples : ceux qui s'intéressent à la laine et ceux qui s'intéressent aux gigots. Aucun ne s'intéresse aux moutons.

Henri Rochefort

*

Député : Pute mâle qui fait le trottoir dans la politique.

Jacques Sternberg

*

Pétain : Vieux mensonge vivant avec son képi doré.

François Mauriac

*

Les diplomates ne sont utiles que par beau temps fixe. Dès qu'il pleut, ils se noient dans chaque goutte.

Charles de Gaulle

*

Sur la Première Guerre mondiale :
Je ne découvre en moi que mesquinerie, irrésolution, envie de haine à l'égard des combattants auxquels je souhaite passionnément tout le mal possible.

Franz Kafka

*

Michel Rocard a des talents, mais je ne suis pas sûr qu'il ait des qualités.

François Mitterrand

*

N'imaginez pas que pendant des années vous avez pu lécher les bottes du régime soviétique ou de tout autre régime et que soudainement vous allez recouvrer la santé mentale. Lorsqu'on a été une fois putain, on le reste.

George Orwell

*

Le député des sots et des imbéciles au ministère caresse deux passions du cœur humain : l'ambition et l'envie.

François René de Chateaubriand

*

En politique, on succède à des imbéciles et on est remplacé par des incapables.

Georges Clemenceau

*

Rocard est comme du chatterton qui colle au veston quand on l'a décollé du doigt.

François Mitterrand

*

Catherine Trautmann aura été le seul ministre de la Culture capable de faire regretter Philippe Douste-Blazy.

Philippe Meyer

*

Le bourgeois – un cochon qui bouffe ses propres boudins.

Pierre de Massot

*

Adolf Hitler se persuade lui-même de sa surhumanité. Il faut bien qu'il y croie pour entraîner la foi de quatre-vingt millions d'hommes. Cette bouffonnerie du César mourant : « Je me sens devenir Dieu... » est interdite à ceux qui, aujourd'hui, prétendent régner sur le monde en faisant agir les masses. Pour les duper, un Hitler doit être d'abord sa propre dupe.

François Mauriac

*

Alain Juppé incarne presque physiquement l'impôt.

Lionel Jospin

*

Les résistants de 1945 sont, parmi les combattants, ceux qui méritent le plus d'estime et le plus de respect parce que, pendant plus de quatre ans, ils ont courageusement et héroïquement résisté à leur ardent et fervent désir de faire de la résistance.

Pierre Dac

*

L'Église : Une Italienne, mâcheuse de cadavres.

James Joyce

*

Les hommes politiques poussent sur le fumier humain.

Francis Picabia

*

Jean-Marie Le Pen ou une certaine façon de porter ses testicules en sautoir.

Philippe Meyer

*

Qu'on relise « le petit livre rouge » de Mao, la mésaventure chiraquienne est écrite en toutes lettres : c'est celle de « l'idiot qui souleva une pierre pour la laisser retomber sur son pied ».

Gérard Miller

*

Thiers : Il vous parle le soir de ce qu'il a appris le matin. Ce sont de ces gens qui ne peuvent garder leur vin en bouteille, et l'on s'en aperçoit à leur style qui n'a ni corps ni bouquet.

Charles-Augustin Sainte-Beuve

*

Né surtout pour détruire, Bonaparte porte le mal dans son sein tout naturellement comme une mère porte son fruit avec joie et une sorte d'orgueil.

François René de Chateaubriand

*

J'ai cherché de grands hommes
et je n'ai trouvé
que des singes de leur idéal

Friedrich Nietzsche

*

Que de fois n'ai-je dit au Seigneur : face de pet, gueule de rat, saleté merdeuse !

Louis Scutenaire

*

Politiciens, demandez conseil aux gastro-entérologues : que peut-on faire avaler aux citoyens ?

Stanislaw Jersy Lec

*

Margaret Thatcher :
Elle a les lèvres de Marilyn et les yeux de Caligula.

François Mitterrand

*

Mort de Pétain :
La mort de Pétain est une apothéose. Pétain est mort, vive Pétain. Sa médiocrité empêche qu'on soulève la moindre critique.

Jean Cocteau

*

Pétain : Le connétable du déclin.

Jean Galtier-Boissière

*

De Gaulle a une affreuse bouche en cul-de-poule. L'œuf qu'il pond chaque jour est une idée qui traîne dans tous les journaux.

Paul Morand

*

Entre Bonaparte et Bokassa se nommant eux-mêmes empereurs d'une certaine quantité de mammifères et Caligula nommant son cheval consul, le plus sot n'est pas celui qu'on pense.

Marcel Mariën

*

Aristide Briand :
Enfin ce sperme mal bouilli du bordel maternel un rameau d'olivier dans le cul...

Benjamin Péret

*

Le parlementarisme, c'est la réglementation de la prostitution politique.

Karl Kraus

*

Qu'on me cite une seule idée originale de Mitterrand, une analyse qui n'aurait pas vu le jour sans lui, et j'adoucirai ma sentence.

Jean-François Revel

*

Le style naturel de De Gaulle est endimanché jusqu'au ridicule.

Jacques Laurent

*

Pas de pape plus hypocrite et pervers que celui qui fait l'inlassable touriste dans des pays où l'on meurt de faim. Il exécute son numéro de saint clown, bénit la misère de haut, ânonne quelques poncifs consolants, ne donne rien, n'arrange rien, si ce n'est les intérêts des exploiteurs : en mettant momentanément en veilleuse les mouvements de révolte.

Jacques Sternberg

*

Les chefs sont des salauds puissants ; les sujets, des salauds en puissance.

Louis Scutenaire

*

La Légion d'honneur, c'est comme les hémorroïdes, n'importe quel cul peut l'avoir.

Jean Yanne

*

Rocard président ? Les Français ne porteront jamais à leur tête un homme qui pèse quarante kilos !

François Mitterrand

*

M. Giscard d'Estaing représente tout ce que j'aurais voulu être à vingt ans. Mais on n'a pas toujours vingt ans. Et la prestigieuse calvitie du parfait élève révèle à l'usage un front impopulaire, celui d'un Janus Bifrons précisément, dont un visage serait tourné vers les banques (Giscard à la « barre », c'est Giscard au lingot).

Antoine Blondin

*

Winston Churchill :
Je n'aurais jamais cru, à le voir, que ce vieux forban vivrait jusqu'à un âge pareil ! Il est vrai qu'il a fait toute sa vie des affaires avec le diable. Je vous dis : celui-là, c'est la méchanceté et l'alcool qui le conservent.

Charles de Gaulle

*

Philippe de Villiers :
Son ambition lui a mangé le cœur et j'ai bien peur qu'elle lui ait mangé un peu d'intelligence aussi.

Anonyme

*

L'homopoliticien, cet excrément, est formé par le milieu.

Maurice Blanchard

*

Félix Faure se voulait César, il est mort Pompée.

Georges Clemenceau

*

Herriot, Ford, Hindenburg, politiciens et industriels ; tous ces cochons sont sentimentaux.

André Masson

*

Margaret Thatcher :
Le premier cas de vache folle en Angleterre.

Tomi Ungerer

*

Bernard Kouchner :
Chez nous, le ministre de l'humanitaire a tellement de travail qu'il a dû demander asile à la télévision.

Philippe Meyer

*

Personne plus que moi n'abhorre l'effusion de sang ; mais pour empêcher qu'on n'en fasse verser des flots, je vous presse d'en verser quelques gouttes.

Jean-Paul Marat

*

La moitié des hommes politiques sont des bons à rien. Les autres sont prêts à tout.

Coluche

*

Pour ceux qui ne sont pas de notre avis, quatre murs c'est trois de trop.

Félix Dzerjinski

*

Pue pue pue
Qu'est-ce qui pue
C'est Louis XVI l'œuf mal couvé
et sa tête tombe dans le panier
sa tête pourrie

Benjamin Péret

*

La bourgeoisie veut un maître, dont la tête serait un cul c'est plus excitant.

Francis Picabia

*

SOCIALISTES : parti du lâche soulagement.
MODÉRÉS : concours à acheter. Trahisons à vendre.
RADICAUX : places ! places (places au pluriel, naturellement).
MOUVEMENT RÉPUBLICAIN POPULAIRE : enfants de chœur qui ont bu les burettes...

Charles de Gaulle

*

Le traité de Maastricht entre en vigueur lundi, jour de la Toussaint. Il aurait été fâcheux que ce fût le jour des morts...

Françoise Giroud

*

Giscard d'Estaing :
On dirait qu'il ne peut plus mordre l'événement qu'avec un râtelier.

Bernard Frank

*

Le fascisme et le communisme morts, nous n'avons plus personne à détester, alors nous nous haïssons les uns les autres, et les écrivains, n'ayant plus à se battre, réapprennent la jalousie. La folie des dictateurs d'autrefois avait au moins le mérite de nous rassembler.

Norman Mailer

*

Pierre Laval :
Le Gitan d'Auvergne avec ses bottines vernies à tiges claires.

Maurice Martin du Gard

*

Jacques Delors :
Un catho de gauche et, comme tous les cathos de gauche, si suprêmement ambitieux qu'il nourrit l'ambition de se débarrasser de ses ambitions.

Philippe Meyer

*

Mon père est à Vichy. C'est un homme qui a la légalité dans le sang. Si les Chinois débarquaient, il se ferait mandarin. Si les Nègres prenaient le pouvoir, il se mettrait un os dans le nez... Si les Grecs...

Michel Audiard

*

La révolution nationale a commencé avec un bâton et sept étoiles : elle finira avec une trique et trente-six chandelles.

Pierre Dac

*

Jeanne d'Arc :
Jeune allumée.

Louis Calaferte

*

La meilleure alliée des possédants est la bêtise : celle de leurs gens et la leur.

Louis Scutenaire

*

Je n'ai jamais voulu être le potage de l'homme, et je m'en suis allée à travers la ville multitude, sans donner d'esclaves aux Césars.

Louise Michel

*

Cela rappelle la haine profonde de Louis XVI pour Franklin. Ce prince trouva une manière vraiment bourbonnique de se venger : il fit peindre la figure du vénérable vieillard au fond d'un pot de chambre de porcelaine.

Stendhal

*

Antoine Waechter :
Son verbe a plutôt les vertus de la verveine que l'on imagine versée dans son verre chaque soir, les pieds chaussés de pantoufles qui ne sauraient être de vair, car il bannit l'usage de la fourrure.

Philippe Meyer

*

Alain Peyrefitte, rendons-lui cet hommage, n'a rien inventé, sauf peut-être un certain raffinement dans l'hypocrisie.

François Mitterrand

*

Il est assez difficile que M. Mac-Mahon nous dise ce qu'il veut puisqu'il ne peut même pas nous apprendre ce qu'il est. C'est ce qu'on appelle en photographie un négatif, et en histoire naturelle un mulet.

Henri Rochefort

*

La grandeur d'un chef d'État est à la mesure de l'étendard qu'il brandit. Ainsi le Manneken-Pis est-il à François Mitterrand ce que la statue de la Liberté est à Charles de Gaulle.

Pierre Desproges

*

Les gens de Mussolini ne sont pas des révolutionnaires, ce sont des hommes-déchets, tendant leurs grosses pattes vers les plats qu'ils sont incapables de remplir eux-mêmes.

Franz Kafka

*

Apprenant l'assassinat de Marat par Charlotte Corday :
– Je plains Marat, dit Rivarol. Il n'a pas eu de chance... pour une fois qu'il prenait un bain !...

*

De mon temps, il suffisait d'être sans un sou pour mourir de faim, aujourd'hui il faut avoir au moins le Smig.

Pierre Mac Orlan

*

Histoire de France :
Ce qui me gêne dans le personnage de De Gaulle c'est que l'on ne peut guère douter qu'à l'époque de Saint-Cyr il prenait la corvée des latrines très au sérieux.

Marcel Mariën

*

Les méchants assurent qu'il n'existe que deux sortes de socialistes : ceux qui sont trop malins et ceux qui ne le sont pas assez.

François Mauriac

*

De Gaulle n'a jamais frappé que ses amis.

Jacques Laurent

*

Le suffrage universel ? Vous croyez que c'est un métier de ne pouvoir rien faire sans consulter huit millions d'imbéciles.

Georges Clemenceau

*

Poincaré peut mourir. Je n'aurai pas un mot de pitié. Il ne sera plus bientôt qu'une charogne comme tant qu'il a fait tuer.

Paul Léautaud

*

La religion est la maladie honteuse de l'humanité. La politique en est le cancer.

Henry de Montherlant

*

Un bourreau, de nos jours, est un honorable fonctionnaire ; l'esprit pragmatique de la fonction publique lui assure un bon traitement. Par conséquent, pourquoi n'y aurait-il pas un bourreau qui sommeille en tout honorable fonctionnaire ?

Franz Kafka

*

Quand Mitterrand crache un noyau d'olive, Max Gallo en fait une salade niçoise.

Guy Bedos

*

De tous les plaisirs, les jansénistes ne nous passent que celui de nous gratter.

Charles de Montesquieu

*

En politique les cadavres gisent dans la mémoire qui les habille selon l'heure et la circonstance. Il arrive même qu'on se les jette à la figure, toujours présentables...

Pierre-Albert Jourdan

*

La guerre civile a un sens, parce qu'on connaît ceux qu'on tue.

Maurice Maindron

*

Lorsque Mauriac pensait à Mauriac, il ne pensait pas à grand-chose, mais il pensait. Il cesse de penser dès qu'il s'occupe de politique.

Jean Cocteau

*

Un dictateur qui meurt, c'est une banque suisse qui ferme.

Gérard Miller

*

Antoine Waechter :
Ce n'est pas à la classe des vertébrés qu'il appartient, c'est à la race des vertébreurs, aux marchands de vertu qui vous refilent leur verroterie en vous plaçant sur la tempe un revolver chargé de morale.

Philippe Meyer

*

Talleyrand :
Si, quand cet homme vous parle, son derrière recevait un coup de pied, sa figure ne vous en dirait rien.

Joachim Murat

*

La cire molle fond au soleil. Pour Michel Debatisse il a suffi d'une chandelle.

François Mitterrand

*

Les dictateurs sont les domestiques du peuple. – Rien de plus. Un foutu rôle d'ailleurs, et la gloire est le résultat de l'adaptation d'un esprit avec la sottise nationale.

Charles Baudelaire

*

François Bayrou, avec cette espèce d'air pénétré qu'il a maintenant, de chanoine récemment défroqué.

Anonyme

*

Le fils Debré : son père était fou, lui, c'est un idiot clinique ! Il y a des frères jumeaux chez les Debré. Il y a celui-ci, Jean-Louis. L'autre, c'est Bernard, le chirurgien qui a prolongé Mitterrand. Très bien. Qu'il est con, ce Chirac, il s'est trompé de jumeau, il a choisi le mongolien !

Guy Bedos

*

Qu'il y ait autant d'analphabètes ne serait pas grave si les autres savaient lire.

Carmillo Sbarbaro

*

Les écologistes sont, pour la plupart, des écoliers attardés de la prise de conscience.

Jacques Sternberg

*

Chez Douste [-Blazy], le mensonge se caractérise par une inventivité à hauteur de son inutilité.

Pierre Marcelle

*

Policier : Croisement d'un bâton et d'une matraque obtenu par manipulation génétique, après séparation des cerveaux respectifs.

Barthélemy Schwartz

*

Philippe Seguin :
Il est bien parti pour être, à son tour, le garde-barrière qui voit passer tous les trains !

Dominique Strauss-Kahn

*

Alain Juppé :
Il ne dépend que de lui de renoncer à croire que le cynisme est l'attitude suprême de celui qui prétend à conduire la cité et que l'intelligence trouve son expression la plus éminente dans le mépris de toute conviction, y compris les siennes propres.

Philippe Meyer

*

Beaucoup d'enflure dans les esprits et beaucoup de maigreur dans le style : un des caractères de ce siècle.

Joseph Joubert

*

De Gaulle :
Le grand dépendeur d'andouilles.

Coco Chanel

*

Mitterrand a géré la France comme on gère un bar : à son profit.

Jean-François Revel

*

Les scélérats de Shakespeare s'arrêtaient à dix cadavres ; il leur manquait l'idéologie.

Alexandre Soljenitsyne

*

Le premier acte de justice consisterait à tuer les juges.

Friedrich Nietzsche

*

J'ai décidé de militer. Chaque fois que je prends le taxi, je ne donne pas de pourboire et je dis au chauffeur : « Vous vous rappellerez de moi : je suis au RPR... »

Coluche

*

Elles étaient formidables les obsèques de Mitterrand. Quel dommage qu'on n'ait pas fait aussi bien pour Giscard !

André Santini

*

Il y a deux choses affreuses chez les vieillards : c'est l'égoïsme et l'amour. Herriot lui a l'égoïsme.

Charles de Gaulle

*

Décemment sinistre, voici encore Maurice Schumann. Monté comme un sémaphore, il agite ses bras que n'accroche aucun bras, attendrit son regard que n'accroche aucun regard et passe, solitaire et glacé, souriant fébrilement à des fantômes. Porté en ces lieux par la frénésie de quelques millions d'auditrices comme un Tino Rossi de la Résistance, celui qui fut notre Jean-Hérold Maquis, pendant les années de la « quarantaine », a découvert son visage sans retrouver sa voix.

Antoine Blondin

*

À la guerre, on devrait toujours tuer les gens avant de les connaître.

Michel Audiard

*

En France, notre Mussolini de pissotière est de nouveau sorti de l'égout. Poincaré règne en Français moyen sur de ridicules événements et des hommes de paille pourris. Découragera-t-il longtemps encore l'évidente bonne volonté des meurtriers ?

Benjamin Péret

*

La bourgeoisie est la noble bêtise de la couronne funéraire et de sa devise.

Francis Picabia

*

Alain Juppé : un énarque qui froufroute.

Bernard Frank

*

Mirabeau est capable de tout pour de l'argent, même d'une bonne action.

Comte de Rivarol

*

Autour de moi, pas un homme politique important, pas un écrivain, personne de connu. Au fond, tout ce qu'on a réalisé, on l'aura réussi avec des raclures.

Charles de Gaulle

*

Si vous désirez une image de l'avenir de l'humanité, imaginez une chaussure écrasant un visage humain – à jamais.

George Orwell

*

À propos de Napoléon Ier :
Il est jaloux des talents, de l'esprit, de la vertu ; il n'aimerait pas même le bruit d'un grand crime, si ce crime n'était pas son ouvrage.

François René de Chateaubriand

*

Décidément, et pour conclure, la trahison mène à tout, à condition d'y rester.

Pierre Dac

*

À Londres, on appelait Maurice Schumann « La Transe combattante ».

Jean Galtier-Boissière

*

Il est bien évident que celui qui se fait tuer pour une cause quelconque est un imbécile. Il est encore plus certain que celui qui tue pour une cause quelconque est un monstre.

Paul Léautaud

*

Plus une inondation s'étend, moins son eau est profonde et plus elle est trouble. La révolution s'évapore et il ne reste que la vase d'une nouvelle bureaucratie. Les chaînes de l'humanité torturée sont faites de paperasse.

Franz Kafka

*

Chevènement :
La prochaine fois, ils se sont juré de l'anesthésier au maillet.

Jean Yanne

*

Tandis qu'Abel Bonnard lèche notre vainqueur
Abel Hermant l'évente et pose quelques fleurs
Sur son ventre ou ses pieds.
On se demande enfin
Voyant de tels Abel, ce que font les Caïn ?

Jean Paulhan

*

Margaret Thatcher :
Elle ne vieillit pas, elle rouille.

Jean Boissonnat

*

Jospin :
Une bonne sœur avec de la moustache, en plus ennuyeuse.

Michel Charasse

*

Chirac :
Il a abaissé sa fonction à la hauteur de son caractère et non hissé son caractère à la hauteur de la fonction.

Christophe Barbier

*

Dans Paris, il y a deux cavernes, l'une de voleurs, l'autre de meurtriers ; celle de voleurs c'est la Bourse, celle de meurtriers c'est le palais de justice.

Pétrus Borel

*

Plus l'homme en pouvoir est petit, plus il convient à toutes les petitesses. Chacun en se comparant à lui se dit : « Pourquoi n'arriverai-je pas à mon tour ? »

François René de Chateaubriand

*

Le Pen a hérité des ciments Lambert. On se demande si Lambert était en possession de tous ses moyens au moment de son testament. En tout cas, ce dont on est sûr, c'est que maintenant M. Le Pen, lui, est en possession de tous les moyens du mort.

Coluche

*

Les hommes d'État ont emmerdé le monde avec leurs guerres. Maintenant ils ont des projets de famine.
Qu'à cela ne tienne, nous aurons l'occasion de savourer des fins repas en songeant à tous les crétins qui seront en train de crever de faim.

René Magritte

*

La bourgeoisie est un cadavre infect.

Ernest Cœurderoy

*

Des pierres de la loi, on a construit les prisons ; des briques de la religion, on a construit les bordels.

William Blake

*

Beaucoup d'hommes politiques sont des ratés de la littérature. Beaucoup d'écrivains des ratés de la politique. Facile à discerner. Lisez. Écoutez.

Georges Perros

*

Tout l'art du gouvernement consiste à croire à une majorité énorme d'imbéciles.

Edmond et Jules de Goncourt

*

Raymond Barre, mollusque de centre flasque.

In *Charlie-Hebdo*

*

Les puissants tiennent beaucoup plus à leurs postes qu'à leurs biens.

Emmanuel Berl

*

Les grandes fortunes sont faites d'infamies, les petites de saletés.

Henri Becque

*

Sur un de ses ministres :
Je l'ai essayé sobre, je l'ai essayé saoul : il est resté aussi bête.

George V

*

Chaque civilisation a les ordures qu'elle mérite.

Georges Duhamel

*

« Faute avouée est à moitié pardonnée », disait Pie XII à Himmler.

Pierre Desproges

*

Quand le maréchal Pétain a fait don de sa personne à la France, ce n'était pas un cadeau.
Il avait l'excuse d'être trop vieux pour donner son corps à la science.

Yvan Audouard

*

Le commerce, le négoce, la banque me répugnent directement, comme la dernière des activités humaines, la plus vulgaire, et la plus humiliante.

Henri-Frédéric Amiel

*

Chirac et Tiberi amorcent un nouveau Pacs. Ne dit-on pas que le chien retourne à son vomi ?

Frédéric H. Fajardie

*

Jospin remet systématiquement au surlendemain ce qu'il serait déraisonnable de faire le lendemain.

Jean-François Kahn

*

Il serait ignoble, hypocrite, inimaginable, de rougir des doigts de pieds. Mais c'est le cas des hommes d'État !

Claude Roland-Manuel

*

Michel Rocard est déjà en campagne, me dites-vous ? C'est bien. Ainsi, il en aura fait au moins une.

François Mitterrand

*

Le bonheur est à droite, à gauche le malheur et maintenant tendez l'autre joue.

Jacques Rigaut

*

À propos du chevalier Stanislas de Boufflers :
Il avait beaucoup de demi-talents en tout genre.

Jean-Jacques Rousseau

*

J'aurai eu le bonheur d'accompagner François Mitterrand dans ses courses dernières, je n'en dirai rien. Je n'écrirai pas de livre, je ne laisserai pas la moindre note, je ne voudrais pas abîmer le travail de ceux qui ne l'ont pas connu.

André Rousselet

*

L'abbé Pierre :
Le Raspoutine des vide-ordures.

Anonyme

*

Ces gens [les parlementaires] sont à la fois des spectres et des pédants.

Charles Duits

*

Tout le rêve de la démocratie est d'élever le prolétaire au niveau de bêtise du bourgeois.

Gustave Flaubert

*

On devrait ouvrir des écoles pour professeurs inadaptés.

Alphonse Allais

*

Charité hypocrite qui donne dix sous pour avoir vingt francs de gratitude.

Jules Renard

*

François Mitterrand :
Dans le Midi, nous dirions qu'il a l'air franc comme un derrière de mule.

Jean Cau

*

Il faut détruire l'État-Dieu, père du camp de concentration et de la Bombe ; et peut-être caresser quelques côtes de savants...

Max Richard

*

Le Prince de Conti :
Zéro qui se multipliait parce qu'il était du sang.

Cardinal de Retz

*

Je méprise profondément celui qui aime marcher en rang derrière une musique ; ce ne peut être que par erreur qu'il a reçu un cerveau ; une moelle épinière lui suffirait amplement.

Albert Einstein

*

Les intellos ont dîné en ville... Chez les patrons du Medef. Parmi ces grignoteurs de carpette, l'ineffable Alain Finkielkraut, partant pour tous les voyages, même les plus déshonorants.

Maurice Rajsfus

*

Charles de Gaulle à sa femme :
Fermez mon cercueil avant l'arrivée du Premier ministre. Je ne veux pas le voir.

*

Moi, je suis comme Chirac, je vais chercher mes voix dans le cul des vaches, en province. Sauf que la différence entre Chirac et moi, c'est que mon film, lui, tient ses promesses.

Francis Girod

*

Louis-Philippe :
L'étourderie aux cheveux blancs.

Alphonse de Lamartine

*

Ce mot du Général, rapporté par Guimard. Apprenant la candidature de Defferre à la présidence de la République, il aurait dit : « C'est Marius qui veut succéder à César. »

Matthieu Galey

*

Si Paris était une pute, Pompidou serait Jack l'Éventreur.

Ralph Rummey

*

Peut-être vaut-il mieux avoir affaire à la police qu'à une horde d'humanistes lecteurs de polars qui prêtent leurs fantasmes à d'autres et se branlent avec.

Frédéric Roux

*

La politique, c'est jouer aux hommes.

Napoléon Ier

*

Le contentement de soi est horrible parce qu'il se passe de tout contenu. Quand Pompidou fait la roue, il démontre qu'il n'est que soufflé. La vanité engraisse de vent.

Bernard Noël

*

Jean-Paul II :
Ne me parlez pas de ce pape, même s'il s'exprime dans une dizaine de langues, je voudrais bien savoir dans laquelle il est le moins con.

Arletty

*

Vous dites : Je suis libéral, républicain ou carliste ; je pense à la patrie, je veux le bonheur de tous...
Moi, je réponds : Vous êtes des noms propres ; vous ne pensez à rien ; vous voulez vivre à vivre !...
Je me résume. Vous êtes les membres froids d'un cadavre. Ce que vous appelez Ordre ou Liberté, c'est du galvanisme. Sautez, grenouilles !

Charles Lassailly

*

Delors ? Il aimerait bien être président sans être candidat.

François Mitterrand

*

Pierre Méhaignerie :
Pour ses amis et alliés politiques, il serait plutôt à la droite ce que le phylloxéra est à la vigne, la tique au chien et l'ascaride à l'homme : un parasite interne qui vit aux dépens de son hôte et ne peut se développer en dehors de lui.

Philippe Meyer

*

M. Thiers fut une minute le ouistiti de Talleyrand, qui s'amusait de la vivacité de ce touche-à-tout.

Jules Barbey d'Aurevilly

*

Les classes moyennes sont presque seules à fournir le véritable imbécile, la supérieure s'arrogeant le monopole d'un genre de sottise parfaitement inutilisable, d'une sottise de luxe, et l'inférieure ne réussissant que de grossières et parfois admirables ébauches d'animalité.

Georges Bernanos

*

Écoutant Giscard d'Estaing à la radio, j'ai cru entendre la voix d'un imitateur. Nous vivons sous le règne de la parodie.

François Bott

*

Puisque le peuple vote contre le gouvernement, il faut dissoudre le peuple.

Bertolt Brecht

*

Le duc de Guise fut assassiné à cinq heures du matin ; vraiment pas la peine de se lever si tôt.

Raymond Queneau

*

M. Mitterrand garde l'État comme d'autres gardent la chambre.

Charles Pasqua

*

Mitterrand ? Un grand seigneur qui avait fait de l'imposture le domaine où se promenait le souverain. Trop lucide pour se tromper sur lui-même, il tirait son narcissisme du mépris des autres et de l'admiration qu'il se portait.

Pierre Dauzier

*

Sur Alain Juppé :
Ce clone un peu glacé de Giscard.

Yves Bonnet

*

Sur le poujadisme :
De mon temps, les épiciers votaient pour les notaires. Mais voilà qu'aujourd'hui... les notaires se mettent à voter pour les épiciers.

Charles de Gaulle

*

Si les singes avaient le talent des perroquets, on en ferait volontiers des ministres.

Nicolas de Chamfort

*

Philippe Seguin ce n'est pas un taureau, c'est une vache folle qui a contaminé tout le troupeau.

Attribué à Jacques Chirac

*

Les révolutionnaires du style de Jean-Paul Sartre n'ont jamais troublé le sommeil d'aucun banquier du monde.

Raymond Aron

*

Quand j'entends le mot socialisme, je crie comme les mauvais garçons, surpris par une ronde : 22, v'là les flics.

Georges Henein

*

La politique c'est comme l'andouillette, il faut que ça sente la merde, mais pas trop.

Édouard Herriot

*

Les mécontents, ce sont des pauvres qui réfléchissent.

Charles de Talleyrand

*

Sur Édouard Daladier :
Les mornes et molles et morveuses rodomontades du flasque Daladier, l'éthylique bovidé du pastis radical et radiricard socialiste.

Henri Jeanson

*

– Le communisme est-il une doctrine scientifique ?
– Absolument pas ! Sinon on l'aurait déjà expérimenté sur les animaux.

Cité par Daniel Zimmermann

*

Les soldats tirèrent leur salve. Il tomba lourdement comme un sac de charbon de cinquante kilos. C'était son poids normal.

Paul Valet

*

Il y a des généralités sur moi. Ça prouve que les gens s'intéressent à moi. Il n'y a pas de généralités sur François Bayrou.

Bertrand Blier

*

Blum ne voit que ce qu'il peut ; sa myopie l'arrange.

Marcel Proust

*

Georges Pompidou :
Il est reposant comme une montagne à vaches.

Maurice Clavel

*

Charles de Gaulle :
Chacun sur terre porte sa croix, moi c'est la croix de Lorraine.

Winston Churchill

*

Jacques Chirac :
Je croyais qu'il était du marbre dont on fait les statues. En réalité, il est de la faïence dont on fait les bidets.

Attribué à Marie-France Garaud

*

Un cadavre... ce chef-d'œuvre de la guerre civile.

Ambrose Bierce

*

Tristesse, pauvreté des banlieues. Idée de rejet du *déchet*. L'argent a ses poubelles.

Louis Calaferte

*

M. Clemenceau a plus de haine pour ses partisans que pour ses ennemis : ceux-ci, au moins, il a le droit de les taquiner.

Tristan Bernard

*

Quand François Léotard reste plus d'une semaine sans passer à la télé ou sans être interviewé par un journal, il tombe malade.

Jean-François Deniau

*

Ronald Reagan : l'art de l'embaumeur poussé au paroxysme.

Gore Vidal

*

Le plaisir d'obéir pousse l'homme à faire des rois et le plaisir de changer, à leur couper la tête.

Alexandre Vialatte

*

Nicolas Ier :
Il a beaucoup de masques, il n'a pas un visage.

Astolphe de Custine

*

À propos de Zorine, nouvel ambassadeur d'URSS :
Ne vous en faites donc pas. Il finira Chevalier du Tastevin et grand-maître du Camembert, comme les autres.

Charles de Gaulle

*

Giscard, cette absence déguisée en homme...

François Bott

*

Nous sommes enfin débarrassés de cette odieuse crapule de Combes. Par quel scélérat fétide va-t-il être remplacé ?

Léon Bloy

*

La faim règne sur le bétail
et l'abat
Bétail bovin, bétail humain
On ne fait pas de détail
au charnier du Marché commun
La matière première est pour rien
[...]
Le monde occidental
et un peu cannibale
achète le noir animal
et en avant la musique des ordinateurs du profit
des importateurs d'abattis
En avant la musique.

Jacques Prévert

*

Afin de parfaire la transparence (glasnost) le Soviet suprême a décidé de promener désormais, dans les rues de Moscou, le cercueil de Lénine protégé par un papamobile.

Marcel Mariën

*

Sur Roger Garaudy, exclu du Parti communiste :
Allons, M. Garaudy s'en tire à bon compte. Sa tête, il l'a toujours sur les épaules. Et pas la moindre balle dans la nuque.
Mais je conviens que la peine infligée à cet esclave volontaire est, pour un homme de son espèce, bien cruelle et des plus inhumaines.
Le voilà condamné à porter le lourd fardeau de la liberté.

Henri Jeanson

*

Sur Alain Juppé :
Le cynisme lui a toujours tenu lieu de colonne vertébrale.

François Mitterrand

Chapitre cinq

DES ARTS, DES ÉCRIVAINS ET DES ARTISTES

Éditeur – Prédateur d'écrivains.

Louis Calaferte

*

Molière est un infâme histrion.

Jacques Bénigne Bossuet

*

Quand ces vaudevillistes veulent écrire, ils ne trouvent même pas le style d'un vieux général.

Jules Renard

*

M. Gide doit peser dans les 55 kilos et mesurer 1,65 m environ. Sa marche trahit un prosateur qui ne pourra jamais faire un vers.

Arthur Cravan

*

– J'écris parfois des histoires.
– Il m'arrive d'en lire.
– Merci.
– Des histoires, en général, pas les vôtres.

Ambrose Bierce

*

Romantisme. L'âme française y exposa ses rossignols les plus calamiteux.

Philippe Bosser

*

Les pensées d'André Breton, lexique aussi utile qu'un plan de Béthune dans les mains d'un naufragé dérivant sur l'océan Indien.

Marcel Mariën

*

Sacha Guitry, l'Européen nouveau, Sacha qui a fait don de son génie à la France, le chantre en queue de paon du Maréchal.

Maurice Blanchard

*

S'il avait un sou de talent au service de sa désespérée fureur de raté, nul n'échapperait au venin de ses abominables crocs, à l'exception, peut-être, de quelques turfistes à poigne, accoutumés à rosser des bêtes plus nobles, mais fort capables, après le champagne, de déroger jusqu'à son calottable visage.

Léon Bloy

*

Beethoven :
Lui, du moins... a dû mourir dans l'accomplissement du sacerdoce, en odeur de dévotion beethovénienne ;... en bonne justice, cet officiant de la musique allemande aurait mérité de trépasser en célébrant la *Messe en ré.*

Marcel Proust

*

Ce petit provincial d'André Breton qui singe Lamennais comme un BOF [beurre, œufs, fromages] le vieux Rothschild !

Blaise Cendrars

*

Daniel Pennac, que je croise dans un studio de télévision, est un bonhomme sans défaut majeur, sinon ses livres.

Arnaut Viviant

*

Wagner : à petite dose ; je ne le laisse pas me rendre malade.

Claude Roland-Manuel

*

À Victor Hugo :
Vous pouvez renoncer à la langue française qui ne s'en plaindra pas, car, depuis longtemps, vous l'avez assez éreintée. Écrivez votre prochain livre en allemand.

Jules Barbey d'Aurevilly

*

Anatole France :
Il ne faut plus que mort cet homme fasse de la poussière !

André Breton

*

Tous les penseurs sont des ratés de l'action et qui se vengent de leur échec par l'entremise des concepts.

E. M. Cioran

*

Quand un critique déclare qu'il n'est pas sorti « indemne » de tel ou tel livre, j'ai l'impression qu'il entend se faire rembourser par la Sécurité sociale.

François Bott

*

Quel dommage que Bernstein n'ait pas le génie de son talent.

Tristan Bernard

*

Condamnation douce de l'immonde Zola. Efforts d'Henry de Groux pour m'embarquer. J'essaie vainement de lui rappeler que la place d'un artiste n'est pas dans les ordures.

Léon Bloy

*

Patrice de La Tour du Pin, qui n'a rien publié mais ça vaut mieux, avec un nom comme le sien, les belles dames en ont plein la bouche ; elles font le tour de Pine.

Maurice Blanchard

*

L'imbécile et dégoûtant Voltaire, pareil à un grand vieux singe pisseur.

Paul Claudel

*

Annabel Buffet :
40 ans... et toujours pas de talent. Ça devient inquiétant.

Jacques Sternberg

*

Théodore de Banville :
Ramasseur attentif de tout crottin poétique.

Léon Bloy

*

Je l'avoue, Suarès m'assomme... Il est bien le héros de l'épouvantable littérature... Ce cœur bavard d'André Suarès, je voudrais l'écraser comme une bulle.

Louis Scutenaire

*

Lecteur, pourquoi te parler d'ordures, de gens perdus, perdus dans l'ordure. Je vais te dire : ils sont tellement nombreux !

Pierre Morhange

*

Gens de lettres :
Dans le pré dont ils se repaissent, les chevaux adorent humer leur crottin pour s'assurer de leur « différence ».

François Brune

*

Refus d'inhumer :
Loti, Barrès, France, marquons tout de même d'un beau signe blanc l'année qui coucha ces trois sinistres bonshommes : l'idiot, le traître et le policier. Ayons, je ne m'y oppose pas, pour le troisième, un mot de mépris particulier. Avec France, c'est un peu de la servilité humaine qui s'en va.

André Breton

*

La nature a horreur du Gide.

Henri Béraud

*

René Char se fourvoie dans les pattes de la NRF, il le regrettera. Ces salauds-là, avec leur museau de serpillière, sont habiles en toutes sortes de vacheries.

Maurice Blanchard

*

Donnez-moi quarante trous du cul et je vous fais une Académie française.

Georges Clemenceau

*

La littérature était jadis une fête. Elle est devenue une foire.

Jacques Brenner

*

Quand la négation se réduit à une mode littéraire, on peut dormir tranquille.

François Bott

*

Si Zola était écrivain – ce que Dieu, j'en conviens, aurait pu permettre –, une ou deux pages lui eussent amplement suffi, depuis longtemps, pour empiler toute sa sécrétion intellectuelle. La petite couillonnade positiviste dont il s'est fait le Gaudissart n'est vraiment pas une somme philosophique très encombrante et peut aisément s'abriter sous n'importe quoi.

Léon Bloy

*

George Sand :
... Que quelques hommes aient pu s'amouracher de cette latrine, c'est bien la preuve de l'abaissement des hommes de ce siècle.

Charles Baudelaire

*

Lamartine est, à ce qu'il paraît, toujours satisfait ; il compte sur un retour de popularité ; sa veine de niaiserie le sauve de la honte et, comme le disait quelqu'un, le *châtiment même lui échappe.*

Charles-Augustin Sainte-Beuve

*

Le parti des intellectuels... Pauvres intellectuels, qui prétendez vous dresser dans le monde entier pour défendre le droit à l'insoumission et qui êtes les plus soumis de tous les hommes.

François Mauriac

*

Paul Léautaud :
De cet individu je n'aurai point souci
Qu'il écrive au Mercure et qu'il s'y soigne aussi !

Vincent Muselli

*

Comment les critiques peuvent-ils se regarder sans rire ? Mais ils sont si vaniteux qu'ils ne se regardent pas.

Jules Renard

*

Le roman n'est pas mort, il est enseveli.

Salman Rushdie

*

Devant la stupidité des peintres, on a envie d'apprendre à dessiner avant de mourir.

Jules Renard

*

Camus, Sartre, Aragon, Éluard sont les produits de l'Occupation. « Au moins nous avons une littérature ! » se sont dit les Phrançais. Et sur le bouclier de l'orgueil national ils ont hissé cette troupe de Clovis.

Charles Duits

*

Louis Aragon :
Trempa sa plume dans le nombril de Staline et endossa la veste d'un résistant de salon pour honorer Benjamin Péret.

Raymond Marquès

*

L'homme est un idiot : y compris Pascal.

Louis Scutenaire

*

Pouah ! j'ai encore marché dans Gide.

Anonyme

*

La critique universitaire cherche à nous dégoûter de la littérature. Il faut fuir ces ennuyeux commentateurs, mais on peut passer deux heures avec eux, pour étudier la mesquinerie des idées.

François Bott

*

La littérature des politiciens est une littérature mutilée. Le fin du fin c'est de dire le contraire de ce que l'on voudrait dire mais d'une façon si embrouillée que la nuée des commentateurs à gages puisse en tirer beaucoup de belles choses.

Maurice Blanchard

*

Jean Lorrain ne peut être absorbé qu'à doses légères. Il en est ainsi de tous les poissons.

Adolphe Brisson

*

Lettre à Joseph Delteil :
La question serait de savoir si vous êtes un porc ou un con (ou un porc et un con). Dans l'alternative, je préfère bien entendu ne plus vous voir, ne plus avoir à vous examiner.

André Breton

*

Un marchand de tableaux est un voleur inscrit au registre du commerce.

Michel Audiard

*

Cher Monsieur Reverdy que je n'ai pas l'honneur de connaître, il me semble que depuis que vous consacrez votre vie à la poésie vous essayez de faire manger un peu de votre merde à tout le monde.

Francis Picabia

*

La tradition esthétique que fonde Chénier se termine en queue de poisson, sous la forme consternante de Leconte de Lisle cherchant anxieusement des « pensers nouveaux » dans les bouses de ses éléphants.

Charles Duits

*

C'est quelque chose de savoir exactement où se trouvent les latrines dans la maison des lettres.

Léon Bloy

*

Que la plupart des auteurs écrivent pour rien, je comprends. Mais que certains auteurs écrivent pour presque rien, je ne comprends presque.

Claude Roland-Manuel

*

L'auteur de *L'Assommoir* est un Hercule souillé qui remue le fumier d'Augias et qui y ajoute ! Si vous ne me croyez pas, lisez son livre. Plongez-vous dans ce gouffre d'excréments et si vous pouvez y rester sans étouffer ou sans vomir, vous verrez que l'ordure y veut être de l'art encore et du plus grand.

Léon Bloy

*

C'est une femme de lettres et pas des meilleures encore ! Un jour, pour les besoins d'une collaboration qui a été publique, M. Sandeau échangea son sexe contre celui de Madame Sand.

Jules Barbey d'Aurevilly

*

Jean Cau :
Les incuries d'un accidenté de l'esprit. État grave.

Jacques Sternberg

*

Ce souverain des insupportables, Oscar Wilde, est le fruit d'une abondance de balivernes et d'une pénurie de bon sens. Il s'est dressé sur ses pattes de derrière, il a soufflé des propos insipides et grossiers, par l'intestin de son cou, pour l'édification suprême d'une cour de bêtas et de bêtasses bêtifiant de ses bêtasseries.

Ambrose Bierce

*

L'odieuse sophistique du pitre Aragon, sinistre faiseur de pirouettes autour des lourdes souffrances et des splendides naïvetés d'un peuple qu'il prétend servir, relève à la fois de la fessée et de la cellule.

Pierre Brossolette

*

Paul Morand :
Par les yeux, il était plus chinois que Mao, et il avait les jambes tellement arqués qu'on cherchait le cheval partout.

Arletty

*

Quand Zola regarde une mare à purin, il croit voir son armoire à glace.

Jules Barbey d'Aurevilly

*

Chez les auteurs modernes, l'exposition du moi verse fréquemment dans l'imposture, la veulerie, et même la pitrerie.

François Bott

*

Suzanne Valadon connaît bien les petites recettes, mais simplifier ce n'est pas faire simple, vieille salope.

Arthur Cravan

*

M. de Lamennais est affecté d'une *incontinence* de pensées ; tout ce qui lui passe par l'esprit, il le dit aussitôt, il l'écrit : il ne garde rien.

Charles-Augustin Sainte-Beuve

*

Académicien ? Non. Le costume coûte trop cher. J'attendrai qu'il en meure un à ma taille.

Tristan Bernard

*

André Malraux :
Un Jean Edern-Hallier qui aurait réussi, le pauvre !

Louis Scutenaire

*

Un cocktail, des Cocteau.

André Breton

*

Hugo-Sacerdoce a toujours le front penché ; trop penché pour rien voir, excepté son nombril.

Charles Baudelaire

*

Voltaire. Il avait plus besoin d'erreurs que de lumières. Mais il proscrivait les erreurs qui lui étaient inutiles, et ne répandait que les siennes. Les vérités qui le servaient étaient les seules qu'il respectât.

Joseph Joubert

*

Académiciens :
Les seuls hommes à la retraite qui ont droit à un uniforme pour ce temps-là.

Jean Giraudoux

*

On a souvent dit que les bons critiques littéraires faisaient d'assez piètres romanciers. Madeleine Chapsal prouve avec force que l'on peut être une médiocre critique et une exécrable romancière.

Jacques Sternberg

*

J'apprends la mort de Francisque Sarcey. Médiocre nouvelle. Enfin, cela fait toujours une charogne de plus.

Léon Bloy

*

Elle me fit don presque en même temps et de son corps et de son dernier livre.
J'eus même droit après le premier à une dédicace personnalisée : « Ah que j'aimerais que mes lecteurs vous ressemblent. »
J'appris un peu plus tard que ses tirages la mettaient à l'abri des maladies sexuellement transmissibles.
Ni l'un ni l'autre ne méritaient un tirage de tête.

Anonyme belge

*

Guillevic : Un rameau rabougri de haïkaï.

Maurice Blanchard

*

Il nous vient quelquefois un dégoût d'écrire en songeant à la quantité d'ânes par lesquels on risque d'être lu.

Jules Barbey d'Aurevilly

*

Les écrivains larmoyants écrivent sur du papier buvard.

Ferdinand Bac

*

Chaque fois que Picasso s'intéresse à quelque chose, il la dénigre.

Jean Cocteau

*

Les Académies ont été uniquement inventées pour préférer Bonnassieux à Baryc, Flourens à Hugo, et tout le monde à Balzac...

Edmond et Jules de Goncourt

*

Talma, que la postérité élèvera peut-être si haut, avait l'âme tragique, mais il était si bête qu'il tombait dans les affections les plus ridicules.

Stendhal

*

M. Rochefort, croyons-nous, souffre déjà d'une blessure qui ne cicatrise pas. C'est sa bouche.

Ambrose Bierce

*

Les « nouveaux philosophes » sont passés très vite du stalinisme le plus zélé à l'antimarxisme le plus véhément. Ils connaissent l'art de la pirouette. On ne les entend pas sans quelque irritation dénoncer à grands cris le goulag après avoir célébré la Chine de Mao et... de Pasqualini. On peut se tromper, direz-vous, et découvrir ensuite ses erreurs. Encore faut-il rester modeste, ne pas faire tant de vacarme, et s'abstenir de jouer les Zorro de la pensée critique.

François Bott

*

Abel Bonnard, de l'Académie française et de la salle des ventes : « Il y a du bromure dans la colonne montante. »

Pierre Dac

*

Michelet voudrait bien passer pour poète, il le devient à la sueur de son front.

Charles-Augustin Sainte-Beuve

*

Chamfort n'a de l'esprit qu'à certaines heures, quand il l'a aiguisé et préparé le matin.

Comte de Rivarol

*

Tout le monde, dans le milieu des arts et lettres, est critiqué ou reçoit des prix, sauf les critiques. Il serait temps de créer le *Prisunic* et de le décerner au critique qui aura loué, haut la plume, dans l'année, le plus d'œuvres médiocres. La compétition risque d'être serrée.

Jacques Sternberg

*

Il y a donc tel écrivain dont on pourrait dire qu'il écrit à petits plis.

Joseph Joubert

*

Nietzsche. Ce que j'en pense ? C'est qu'il y a bien des lettres inutiles dans son nom.

Jules Renard

*

J'ai cherché un mot pour caractériser la sottise de Zola. Elle n'est pas seulement exorbitante. Elle est étrange et sale. C'est une sottise qui aurait servi à rincer quelque chose.

Léon Bloy

*

François Mauriac :
S'il est le choléra des jeunes hommes, il est en même temps la coqueluche des vieilles dames.

Antoine Blondin

*

La merde est toujours du plus beau style, style Notre-Dame.

Francis Picabia

*

Les surréalistes parfois me font penser à ce type qui vente et qui pense qu'il défèque ; vous me direz que c'est moins tragique que celui qui défèque et pense qu'il vente ; mais tout de même...

Louis Scutenaire

*

Chose curieuse : Plus un critique est bête, plus il est intelligent...

Erik Satie

*

Paul Valéry :
Percepteur de campagne. A fini les bras en croix, en vieux granit, à l'entrée du cimetière de Sète. Photographié à chaque saison par le même touriste américain qui le confond avec Brassens.

Raymond Marquès

*

Il y a des littérateurs dont on se débarrasse l'esprit par des compliments.

Bernard Frank

*

Sollers déborde de merde. Il est temps de moucher Hallier. La guerre est là. On cherche un intellectuel. Il n'y en a plus. La Duras est ivre. Doit-on déterrer Sartre ? Mais il fait dans l'élevage écologique des asticots, enfin une action saine.

Anonyme

*

Ils sont à la littérature ce que les chats sont au règne animal, inutiles et indifférents.

Hubert Juin

*

Robert Macaire, consul dans l'Inde ; un vieux singe qui a une maladie du foie !

Edmond et Jules de Goncourt

*

– Pouvez-vous dire, M. Giono, quelques mots sur Sartre ?
– Sartre, ça n'existe pas. C'est Dubo, Dubon, Dubonnet. C'est de la publicité. Aucun intérêt.

*

« Aller où boivent les vaches ! » écrivait Rimbaud, dont la bêtise fut bovine dans une forte proportion.

Roland Dubillard

*

Une femme jeune mais obèse assise au soleil et suintant de la moiteur est aussi nauséabonde que quoi que ce soit dans Baudelaire.

Barbellion

*

George Sand, la vache bretonne de la littérature.

Jules Renard

*

Rivarol à qui l'on demandait ce qu'il pensait de Beaumarchais répondit :
– Il sera pendu, mais la corde cassera.

*

André Gide, ce maître queux de palace.
Colette, cordon bleu d'hostellerie.

Louis Scutenaire

*

Quand un philosophe vous répond, on finit par oublier ce qu'on lui avait demandé.

André Gide

*

« Histoire de ma vie » par un imbécile qui n'a même pas pu comprendre que c'était mal d'être un imbécile.

Roland Dubillard

*

Les dernières années de Sartre : le génie ne vaccine pas contre le gâtisme.

Philippe Bouvard

*

Rencontré Rosny sur la plate-forme d'un tramway. Récent chevalier de la Légion et imbécile peu caché dans le prépuce d'un membre de l'Académie Goncourt, il se montre, je ne sais pourquoi, très insolent, très goujat. J'ai pu désarmer de Groux qui mourait d'envie de le gifler. À quoi bon ? Il y a *deux* Rosny, dont l'un n'a jamais été *vu* par personne. On ne sait qui est le décoré, qui est le membre, qui est le giflable. On ne sait pas quelle salle affaire on pourrait se mettre sur les bras.

Léon Bloy

*

À un critique, auteur d'un article venimeux :
Votre papier ? je l'ai lu d'un derrière distrait !

Henri Jeanson *(attribué aussi à Maxime Gorki)*

*

Alfred de Musset :
Quand il chantait, il avait du génie, du bon sens lorsqu'il ne chantait pas.

Jules Renard

*

Le talent puissant de Hugo est devenu de jour en jour plus gros, pour ne pas dire grossier.

Charles-Augustin Sainte-Beuve

*

– Monsieur Degas, la toile que je vous avais achetée 300 francs, je l'ai vendue hier 20 000...
– Eh bien, lui répondit Degas, nous ne nous parlerons plus désormais qu'à travers un guichet !

Sacha Guitry

*

Bernier m'apprend le suicide au gardénal de Drieu La Rochelle. Un mot court déjà : « Pourvu qu'il en réchappe ; il en fera une jolie nouvelle ! »

Jean Galtier-Boissière

*

Éluard aime bien papoter. Il est très féminin. Avant de sortir, il est très longtemps devant la glace à se lisser les cheveux et à poser son chapeau à la position optima, non, ce n'est pas encore ça ! un petit peu à plus à droite, un petit peu sur l'œil, très bien ! Un millimètre ou un millimètre et demi, autant que j'aie pu voir. Mais ce petit millimètre avait une très grande importance. Une vieille coquette qui croit encore à la puissance d'un chapeau pour faire un Chopin.

Maurice Blanchard

*

Dire que Lamartine a pu devenir célèbre avec un nom pareil.

Matthieu Galey

*

Picabia traite ses amis comme des objets de nécessité. Quand ils ont cessé de lui servir il les met dans une poubelle.

Georges Ribemont-Dessaignes

*

Raymond Queneau transformait la littérature en technocratie : elle n'était plus chose aimable ou atroce, mais une plaisanterie sinistre.

Bernard Frank

*

Maupassant n'observe pas : il imagine de la réalité. Ce n'est encore que de l'à-peu-près.

Jules Renard

*

Il n'est pas étonnant que Balzac ait pu « faire concurrence à l'état civil ». Pas plus de comprendre qu'il y en a un.

Roland Dubillard

*

Sur une carte envoyée à Paul Claudel :
Vous êtes une cataracte de coton hydrophile.

André Frédérique

*

De Vigny est atteint de rhumatismes littéraires.

Charles-Augustin Sainte-Beuve

*

À propos des natures mortes de Cézanne :
Ce sont des natures ivres mortes !

Edgar Degas

*

Apollinaire :
C'est un brocanteur, il revend, mais ne fabrique pas.

Georges Duhamel

*

Voltaire. Singe moral, littéraire, intellectuel. Mais il faisait bien ses gambades. Il contrefaisait même la gravité ; mais peu de temps. Tous ses rôles se terminent par quelque saut, vrai tour de singe.

Joseph Joubert

*

Dans mon cul où il se trouve, on ne peut pas demander à Jean-Paul Sartre d'y voir bien clair, ou de s'exprimer nettement.

Louis-Ferdinand Céline

*

André Gide :
... sa petite pluralité provient de ce fait qu'il pourrait très aisément être pris pour un cabotin. Son ossature n'a rien de remarquable ; ses mains sont celles d'un fainéant...

Arthur Cravan

*

Chez Roger Vailland, Sollers, Robbe-Grillet, Borges et quelques Butor, ces mêmes routes sont encrassées de boue, de bouse qui enlisent, salissent, éclaboussent.

Louis Scutenaire

*

Balzac, jusqu'en ses meilleurs romans, a toujours gardé quelque chose de la bassesse et, pour ainsi dire, de la crapule de ses débuts.

Charles-Augustin Sainte-Beuve

*

Écrire n'est sans doute que le courage des faibles. Parlez-moi de la paresse des forts ; ils attendent d'être en prison pour faire un roman.

Jacques Rigaut

*

Avec Binet, pas d'illusion ; c'est une vieille vache à cornes. Barrès est resté une génisse.

Georges Ribemont-Dessaignes

*

Par leur méchanceté les yeux d'Elsa Triolet méritaient d'être célèbres. Quels envahisseurs ! Le reste de son visage, n'était-il vraiment que de la peau ?

Claude Roland-Manuel

*

Eugène Guillevic :
A perdu la face devant ses poèmes. S'est retrouvé avec une figure de cul lunaire.

Raymond Marquès

*

Voltaire. Il eut aussi l'esprit guenon. L'esprit guenon est un esprit laid qui a des mouvements agréables. Voltaire ressemble quelquefois à un homme de grand sens comme un singe ressemble à un homme.

Joseph Joubert

*

Barthes – Son intelligence n'avait rien d'excessif.

Bernard Frank

*

Max Ernst, Dalì sont les peintres de la cure psychiatrique.

Francis Picabia

*

C'est la peinture des peintres que j'ai voulu tuer, de ceux qui piétinent, labourent, lèchent ; j'ai eu la nausée de leur barbouille ; peinture, pommade sentimentale...

Saint-Maur

*

M. Émile Zola croit qu'on peut être un grand artiste, en fange, comme on est un grand artiste en marbre. Sa spécialité, à lui, c'est la fange. Il croit qu'il peut y avoir très bien un Michel-Ange de la crotte !

Léon Bloy

*

Catulle Mendès :
Mendès, sur un sentiment vrai, fait l'effet d'une limace sur un fruit.

Léon Daudet

*

Il plaît à Maurice Barrès de marcher sur les asticots, à condition de jouir sur le drapeau. C'est un champion de la civilisation.

Georges Ribemont-Dessaignes

*

La Nouvelle Revue française me fait penser à une maison de santé dont les pensionnaires, s'ils n'y meurent pas, ne peuvent sortir qu'idiots.

Francis Picabia

*

Proust, c'est la psychologie du poil de cul coupé en quatre.

René Crevel

*

Drieu La Rochelle :
Il ne lui suffisait pas d'être connu, il aurait voulu encore être un ivrogne.

Jacques Chardonne

*

Ce qui rend les mauvais poètes plus mauvais encore, c'est qu'ils ne lisent que des poètes (comme les mauvais philosophes ne lisent que des philosophes), alors qu'ils tireraient un plus grand profit d'un livre de botanique ou de géologie.

E. M. Cioran

*

Matzneff, Léon Bloy de poche, dilettante et polémiste de droite, armé de latin et d'autosatisfaction, c'est un modèle qu'on ne suit plus en littérature. Soldé, il va passer directement du fond de tiroir chez l'antiquaire. Sa seule chance de survie : c'est le rossignol qui se mue le mieux en objet d'art.

Matthieu Galey

*

Voici une femme qui a des Aragons au derrière.

Jacques Rigaut

*

Gide n'a jamais ressenti le malaise du vaste. Que dis-je du vaste ? Le sens de l'abolition des valeurs proportionnelles. Ses malaises ne vinrent que du petit, des rapports entre des petitesses. Aucune bonté. Curiosité de botaniste.

Jean Cocteau

*

Jules Michelet – un des écrivains les plus insalubres, les plus funestes à la santé de l'esprit public.

Charles-Augustin Sainte-Beuve

*

Edmond Rostand, le poète des foules qui se croient d'élite.

Jules Renard

*

Hervé Bazin : Directeur de Prisunic. Consacre ses loisirs à la poésie angevine.

Raymond Marquès

*

Philippe Sollers a chié une longue phrase de 185 pages. Il a bien été sur son pot, le petit. Si seulement il pouvait se torcher le cul avec les pages de son livre.

Jacques Sternberg

*

Ici gît Aragon Louis.
On n'est pas sûr que ce soit lui.

Louis Scutenaire

*

Villiers de L'Isle-Adam :
Celui de tous ses contemporains qu'il avait le plus méprisé, un pontife de boue et de fumier, devait, je crois, déposer sur sa tombe l'immondice d'une harangue.

Léon Bloy

*

L'intellectuel est si souvent imbécile que nous devrions toujours le tenir pour tel jusqu'à ce qu'il nous ait prouvé le contraire.

Georges Bernanos

*

En somme, j'aime autant ne pas être admiré par Auric : il a trop mauvais goût, le pauvre.

Erik Satie

*

Jean-Jacques Rousseau eut son talent dans ses humeurs : tant que rien ne les remua, il fut médiocre. Tout ce qui le rendait sage le rendait un homme vulgaire...

Joseph Joubert

*

Aragon :
Tant et tant d'arrivisme pour si peu d'arrivage !

Salvador Dalì

*

À propos de Jean Lorrain :
Son torse était tombé comme le bréchet de certains oiseaux charognards. Lui se nourrissait avidement de toutes les calomnies et immondices que colporte la manie ancillaire des salonnards, des filles rentées et des souteneurs chics. Qu'on imagine le clapotement d'un égout servant de déservoir à un hôpital.

Léon Daudet

*

Il n'est pas nécessaire qu'un auteur comprenne ce qu'il écrit. Les critiques se chargeront de le lui expliquer.

Antoine-François Prévost

*

Les invalides justifient le cubisme.

René Magritte

*

Les critiques sont aussi essentielles à l'œuvre d'art que les fourmis le sont à un pique-nique.

Joseph Mankiewicz

*

Nous savons que les grades universitaires n'entrent pour rien dans la confection du littérateur ; et il semble même que s'il ne savait pas lire, aucun reproche ne lui en serait fait.
Ce serait un écrivain illettré, voilà tout.

Erik Satie

*

Il vaut mieux être Socrate insatisfait qu'un porc satisfait ; il vaut mieux être Socrate insatisfait qu'un imbécile satisfait. Et si l'imbécile ou le porc sont d'un avis différent, c'est qu'ils ne se connaissent qu'un côté de la question : le leur. L'autre partie, pour faire la comparaison, connaît les deux côtés.

John Stuart Mill

*

Un jour, un malotru, à bout d'arguments, s'était laissé aller à traiter Dumas de « nègre ». Dumas lui a répliqué très simplement :
– Mais oui, mon grand-père était nègre, mon arrière-grand-père était singe. Vous voyez : ma famille commence où la vôtre finit !

*

Certains critiques ressemblent assez à ces gens qui, toutes les fois qu'ils veulent rire, montrent de vilaines dents.

Joseph Joubert

*

À propos de l'Académie Goncourt :
C'est sinistre, à chaque déjeuner on commence par se scruter l'un l'autre, histoire de prévoir qui mourra le premier.

Pierre Mac Orlan

*

Joë Bousquet, spécialiste des cocktails molotov d'avant-guerre, faisait long feu en écrivant à la sauvette.

Raymond Marquès

*

Sur l'Académie française :
Ils sont là quarante qui ont de l'esprit comme quatre !

Alexis Piron

*

Claudel n'est jamais cynique, car pour l'être il faut aimer son prochain, s'y intéresser. Il est tout simplement méprisant. Des milliers de martyrs, etc., finissent en Claudel.

Georges Perros

*

Victor Hugo – Grossièreté. Malices cousues de *câble* blanc.

Charles-Augustin Sainte-Beuve

*

Mendès Catulle, l'un des plus éreintés parmi les rosses expirantes de l'attelage de Victor Hugo, a-t-il espéré que l'apothéose serait enfin le coup de foudre de ce gâteux et sempiternel apoplectique de popularité ?

Léon Bloy

*

Faits divers : On vient d'arrêter le dramaturge Henri Bataille qui essayait de faire prendre son entérite pour un vice nouveau.

Erik Satie

*

« La pensée n'est pas recommandée à qui se méprise », disait Roger Nimier. Chez beaucoup de nos intellectuels, c'est plutôt le contentement de soi qui domine. Aussi rien ne les arrête dans leur hâte de « penser ». Mais s'agit-il encore de cela ?

François Bott

*

Goncourt, un gros militaire en retraite. Je n'ai pas vu son esprit : ce sera pour une autre fois.

Jules Renard

*

Une œuvre où il y a des théories est comme un objet sur lequel on laisse la marque du prix.

Marcel Proust

*

Dieu a envoyé Elsa à Aragon pour venger tous les gens qu'il a emmerdés.

Roger Stéphane

*

André-Marie Dupin :
La petite vérole est la seule ressemblance qu'il ait avec Mirabeau.

Jules Barbey d'Aurevilly

*

Des penseurs qui se grattent la tête on dit qu'ils se la creusent.

Louis Scutenaire

*

Enquête du *Mercure* sur Dumas fils qui vient de crever. Ma réponse : Voici mon « opinion » pour le temps et pour l'éternité : Le fils Dumas fut un *sot* et un *hypocrite.*
Les pleurs ignobles de la presse ou les lamentations de quelques gâteux, tels que Coppée, n'autorisent pas à supposer que la nouvelle génération littéraire puisse être assez basse pour accorder une importante quelconque à la disparition de ce mulâtre.

Léon Bloy

*

Il est bien vrai que la plupart des écrivains dits de gauche ne cherchent rien du tout. Ce sont des béats qui rencontrent d'autres béats pour se raconter des histoires de béats.

Bernard Frank

*

André Theuriet, un poète vraiment médiocre, qui s'est beaucoup promené dans la Nature, mais avec un mouchoir sur les yeux.

Jules Renard

*

Jean-Jacques Rousseau, c'est un maître sophiste qui ne pense pas un mot de ce qu'il dit ou de ce qu'il écrit : c'est le paradoxe incarné.

Comte de Rivarol

*

Zola – C'est un porc épique.

Jules Barbey d'Aurevilly

*

Laissons donc M. Sollers, dont on dit par ailleurs qu'il joue les « durs » de l'idéologie révolutionnaire, monter la garde auprès de son maître en arrivisme, en attendant qu'il lui succède au Comité central et qu'il recueille à son tour l'admiration unanime et française des cadres moyens et des petits épargnants de la culture.

In *L'Archibras*

*

Jean Richepin : Guignol du Nihilisme.

Léon Bloy

*

Au public :
Avant de descendre parmi vous afin d'arracher vos dents gâtées, vos oreilles gourmeuses, votre langue pleine de chancres.
Avant de briser vos os pourris –
D'ouvrir votre ventre cholérique, et d'en retirer, à l'usage des engrais pour l'agriculture, votre foie trop gras, votre rate ignoble et vos rognons à diabète –
Avant d'arracher votre vilain sexe incontinent et glaireux.

Georges Ribemont-Dessaignes

*

L'autobiographie est faite pour les critiques, ces messieurs qui ne sont que de pauvres maquereaux au service des propriétaires de bordels.

Francis Picabia

*

Diderot a lancé une mode durable : la philosophie de café et les beaux quartiers de l'esprit.

Bernard Frank

*

Lecteur, vous êtes un parfait emmerdeur.
Aussi, faudrait-il vous supprimer.

René Magritte

*

Metzinger, un râté qui s'est accroché au cubisme. Sa couleur a l'accent allemand. Il me dégoûte.

Arthur Cravan

*

Catulle Mendès : L'emplâtre prévu, la cantharide fatale, la vésicatoire inéluctable qui s'applique de lui-même aux sociétés moribondes pour les faire crever un peu plus rapidement.

Léon Bloy

*

Toutes les trompettes de Paris 1941 proclament en vain que la France possède en M. Céline un nouveau Rabelais, il n'est pas un lecteur de chez nous qui ne sache faire la différence entre ce splendide printemps de la prose française, gonflé de sève et de suc, et cette diarrhée de langue verte dont M. Céline embellit ses « draps », cet idiome de maison close, ce pathos de bagne.

François Mauriac

*

Il n'est pas déshonorant d'être académicien ; ce qui est déshonorant, c'est d'être candidat.

Tristan Bernard

*

C'est dommage que Molière ne sache pas écrire.

François de Fénelon

*

Hugo était un tyran domestique, un égoïste forcené, mêlé d'Harpagon et de Tartuffe, recouvrant toujours d'un beau prétexte sa dureté ou sa sensualité.

Léon Daudet

*

Théophile Gautier a pris les excroissances de Hugo, il les a mises sous cloche, et il est parti de là pour ses potirons.

Charles-Augustin Sainte-Beuve

*

Louis Aragon :
L'œil de Moscou, le con d'Irène, les yeux d'Elsa, les couilles des autres.

José Artur

*

Stéphane Mallarmé : Raté du billard qui se serait adonné à l'absinthe dans l'espoir de rattraper ses illusions.

Léon Bloy

*

Les frères Goncourt :
Non je n'ai pas lu le dernier Goncourt, vous savez, depuis que la veuve écrit seule.

Jules Barbey d'Aurevilly

*

Tout le monde imprime, tout le monde lit ; personne ne comprend.

Xavier Forneret

*

Quel homme aurait été Balzac s'il eût su écrire !

Gustave Flaubert

*

Le Goncourt, c'est la seule distraction annuelle de ces vieux messieurs si heureux de recevoir enfin un coup de projecteur sur leur figure oubliée.

Paul Morand

*

Bourré de fric, vivant comme le pire des bourgeois, servi par des domestiques, Claudel ose écrire : *« À la gloire de la Pauvreté, jamais de temples assez magnifiques ! »* (2 octobre 1946).
La putinerie catholique est sans bornes...

Louis Calaferte

*

Pascal Jardin en est au quatrième volume sur feu son père. Pour s'expliquer, il a cette jolie formule : « Je fais revenir papa. » L'art d'accommoder les restes.

Matthieu Galey

*

Ilya Ehrenbourg :
Une laideur singulière, le teint vaguement pustuleux, je ne sais quoi, par moments, de crapaudin ; des chicots gris (la moitié de la denture sautée) derrière la lèvre molle et asymétrique ; la tête penchée en avant, mal vissée sur un cou bref, mal portée par un dos volontiers voûté.

Nino Frank

*

Ils mettent de grandes espérances dans la littérature : ils confèrent à celle-ci la même vertu mystérieuse que Popeye aux épinards.

François Bott

*

Gustave Flaubert :
Pauvre homme acharné autant que tous les lions, mais acharné sur une idée imbécile, s'efforçant, vingt années, d'extraire de son intestin le ténia séditieux et inextirpable de l'Inspection.

Léon Bloy

*

Le critique a licence de bénir ou de maudire à tort et à travers. Seul maître de ses adulations et de ses mépris, il intromise ou renverse. C'est la revanche de l'impuissant.

Robert Mallet

*

Salvador Dalì :
Moustaches de Brigitte Bardot que l'on retrouva par hasard sur les fesses de Rey à Cadaquès. Fait des mots à l'emporte tache. Totem tabou pour extra-terrestres.

Raymond Marquès

*

L'homme que je déteste le plus au monde est Auguste Rodin, parce qu'il est l'auteur d'une sculpture abominable qui représente un penseur, la tête appuyée dans les mains. En cette position on ne peut rien créer, on peut tout juste déféquer.

Salvador Dalì

*

Victor Hugo :
Funèbre-Échalats-Verts.

Isidore Ducasse (comte de Lautréamont)

*

Druon, auteur du *Chant des courtisans.*

Paul Morand

*

Les écrivains qui ont recours à leurs doigts pour savoir s'ils ont leur compte de pieds, ce ne sont pas des poètes, ce sont des dactylographes.

Léo Ferré

*

On parlait devant André Frédérique d'un romancier qui avait bien des qualités. « Et puis, dit quelqu'un, il lit... »
– Eh oui, dit Frédérique, couramment.

*

Il y a souvent eu d'aussi grands imbéciles que les critiques d'aujourd'hui.

Louis Scutenaire

*

Si vous lisez André Gide tout haut pendant dix minutes, vous sentirez mauvais de la bouche.

Francis Picabia

*

Sartre :
Végétarien qui n'aime que la viande crue.

Georges Perros

*

Sur un écrivain :
Son manque de talent frisait le génie.

E. M. Cioran

*

Voltaire. Il n'excella jamais que dans la flatterie et dans le grotesque.

Joseph Joubert

*

Jean Genet :
Égérie de quelques écrivains, transforma Madeleine Renaud en étron centenaire.

Raymond Marquès

*

Gide se figure qu'il est simple parce qu'il est plat et qu'il est classique parce qu'il est blafard. C'est un clair de lune sur un dépôt de mendicité.

Paul Claudel

*

Arrivant chez Erté, l'autre soir, je me suis dit : « Tiens, il doit avoir une vieille sœur. » C'était lui.

Matthieu Galey

*

On dira de moi ce qu'on voudra et que je ne suis qu'un sybarite de délicatesse ; soit. – Pour moi, Michelet n'est qu'un cuistre sans goût et sans génie naturel qui, à force de veilles et d'efforts, s'est guindé jusqu'au sémillant, jusqu'au flamboyant.

Charles-Augustin Sainte-Beuve

*

Émile Zola :
Façon de primate impossible à domestiquer, moitié gorille et moitié lion, qui pourvoit lui-même à son viandis, dans les solitudes, et qui ne serait capable que d'engloutir ses pasteurs.

Léon Bloy

*

Mme de Beauvoir a cru qu'il fallait devenir adulte. Comme si c'était possible. Elle est seulement devenue institutrice et sadique. On le voit rien qu'à la lire : elle ressemble à un psychiatre universitaire.

Roland Dubillard

*

Tous les critiques d'art sont tristes, comme des gens hébétés par une espèce de masturbation morale.

Edmond et Jules de Goncourt

*

Que de gens en littérature ont « l'oreille juste et chantent faux ».

Joseph Joubert

*

Beaucoup d'auteurs ont la prétentieuse manie de mettre une citation en épigraphe à chacun de leurs chapitres. Ils ont tort parce que, souvent, cette phrase en dit plus long que le chapitre qu'ils ont écrit.

Jacques Sternberg

*

Il a fallu au plus fécond de nos romanciers, à Balzac, un fumier plus haut que cette maison pour qu'il y poussât quelques fleurs maladives et rares. Et maintenant qu'il n'y a plus de fleurs et qu'il n'en poussera plus, le fumier monte, monte toujours.

Charles-Augustin Sainte-Beuve

*

Jean Lorrain :
Hideux, les yeux noyés de morphine, la bouche visqueuse. Comme il a l'air d'un littérateur !

Jean Paulhan

*

Ce qui me gêne chez Sartre, c'est qu'il veut toujours être ce qu'il n'est pas.

E. M. Cioran

*

Victor Hugo :
Gros ventilateur.

Louis Calaferte

*

L'Opéra et le Louvre tiennent du frigorifique et de l'ossuaire.

Erik Satie

*

Marie Laurencin :
En voilà une qui aurait besoin qu'on lui relève les jupes et qu'on lui mette une grosse... quelque part pour lui apprendre que l'art n'est pas une petite pose devant un miroir.

Arthur Cravan

*

René Char :
Poète secret, n'aurait vraisemblablement rien écrit de son vivant. Admirateur de Camus qu'il prenait pour une sorte de merguez.

Raymond Marquès

*

Ci-gît Zola qui ne fut rien. Pas même cacadémicien.

Alphonse Allais

*

Faute de style, Fabre-Luce a la mythomanie triste.

Bernard Frank

*

Molière : montreur des marionnettes.

Francis Picabia

*

Joyce Mansour :
Je n'avais jamais encore rencontré de grenouille de cet âge toujours impubère.

Raymond Marquès

*

Chateaubriand :
Connu surtout par le beefsteak qui porte son nom.

Gustave Flaubert

*

Monticelli :
Il n'est pas aussi mauvais que Turner. Parce qu'il est encore plus nul.

Salvador Dalì

*

Il faut être économe de son écriture, surtout quand on est vieux ; Mauriac s'est perdu à force d'écrire.

Jacques Chardonne

*

Alphonse Daudet est un cochon maladif, avec les foucades d'un cerveau chez lequel, un jour, pourrait bien entrer la folie.

Edmond et Jules de Goncourt

*

Les critiques : des ânes chargés de livres.

Michel de Montaigne

*

Quand Déon enlève les oripeaux, le mauve du taxi, le vert du jeune homme, le jasmin du voyage, le soleil du déjeuner, les corridas et les paysages, toutes les trompeuses espérances, il ne reste plus grand-chose.

Bernard Frank

*

Ô critiques ! éternelle médiocrité qui vit sur le génie pour le dénigrer ou pour l'exploiter ! race de hannetons qui déchiquetez les belles feuilles de l'art.

Gustave Flaubert

*

La pensée naît de la merde qui commence à se faire.

Edmond et Jules de Goncourt

*

Philippe Sollers :
À chaque bouquin, ce vieux fornicateur mytho éjacule son foutre noir et court faire baptiser le bébé par Pivot !

Anonyme

*

Zola :
Cette littérature sans idéal ressemble à de la vidange.

Henri-Frédéric Amiel

*

Il faut absolument vous fourrer dans la tête que l'art est aux bourgeois et j'entends par bourgeois : un monsieur sans imagination.

Arthur Cravan

*

La philosophie a cela d'utile qu'elle sert à nous consoler de son inutilité.

Jean Commerson

*

... Lisez *Les Diaboliques* de mon ennemi Barbey d'Aurevilly. C'est à se tordre de rire. Cela tient peut-être à la perversité de mon esprit, qui aime les choses malsaines, mais ce dernier ouvrage m'a paru extrêmement amusant ; on ne va pas plus loin dans le grotesque involontaire.

Gustave Flaubert

*

Les intellectuels sont comme les femmes, les militaires les font rêver.

André Malraux

*

Paul Léautaud :
L'être le plus immonde, le plus dénué d'intelligence, de style, de grammaire, de sensibilité, d'originalité.

Marcel Proust

*

Saint-John Perse, mais il y a mis le temps.

Louis Scutenaire

*

Paul Déroulède :
Extrait de triple imbécile.

Léon Bloy

*

Être philosophe, cela consiste à exprimer en formules lapidaires des réflexions imbéciles.

François de Fénelon

*

Je lis vaguement Stendhal. Rien d'agaçant comme le journal de cet homme dont les coucheries sont, avec la gloire littéraire, l'« idéal ».

Théodore Fraenkel

*

Les romantiques se plaignent de la solitude. Ils semblent manquer de réalisme : dès qu'il y a deux hommes sur la terre, l'un poursuit la mort de l'autre.

Jacques Brenner

*

Paul Cézanne :
Pouah !... Fuir, fuir bien vite, afin d'échapper à la cauchemardesque vision de ces atrocités à l'huile, dépassant aujourd'hui la mesure de fumisterie légalement autorisée. On se peut fiche du monde, mais à ce point-là, non !

Georges Denoinville

*

Mauriac embaumé dans sa bile, comme un pharaon dans le bitume.

Paul Morand

*

Écrivains campagnards. – Beau visage de moine florentin, Jacques Brosse, à l'exposition Cremonini.
– Simone n'a pas pu venir ?
– Non, la chèvre accouche.

Matthieu Galey

*

On fait de la critique quand on ne peut faire de l'art, de même qu'on se met mouchard quand on ne peut pas être soldat.

Gustave Flaubert

*

Pablo Picasso :
Confondit les staliniens avec les jésuites de son pays ; leur offrit deux *Guernica* pour un ave... Établit une fortune sur un vent du sud et sur la connerie de ses contemporains.

Raymond Marquès

*

M. Delaunay, qui a une gueule de porc enflammé ou de cocher de grande maison pouvait ambitionner avec une pareille hure de faire une peinture de brute.

Arthur Cravan

*

Société des gens de lettres. Toute la tête du nationalisme est là. Coppée sacristain, Rochefort parcheminé, Lemaître fouinard, Barrès de proie, et l'insignifiant oiseau Vandal.

Jules Renard

*

J'achète le *Littéraire* pour me marrer à lire les discours de deux cons sublimes : Claudel et Mauriac, les Katolic's épiciers band (ou band not).

René Fallet

*

Rien que sur le *Petit Larousse*, regardez ténia, vous êtes forcé de vous dire : c'est un Sartre.

Albert Paraz

*

Étant donné la conversion de J.-K. Huysmans au catholicisme, il faut aussi envisager sa folie, ou sa sottise, ou ses mystifications, ou un amour de l'estrade, ou sa curiosité et son goût pour l'absurde.

Louis Scutenaire

*

Académie : À l'origine, un bosquet où les philosophes s'efforçaient de trouver un sens à la nature ; à présent, une école où les naïfs cherchent un sens à la philosophie.

Ambrose Bierce

*

Émile Zola : Fangeux domestique de la populace.

Léon Bloy

*

Comme Pétrone, M. Lorrain a le souci de la pourriture.

Bernard Lazare

*

Alphonse de Lamartine : Cigogne-larmoyante.

Isidore Ducasse (comte de Lautréamont)

*

Il faudrait qu'il meure toutes les semaines un Victor Hugo pour faire aller le commerce.

Paul Lafargue

*

Les Illusions de la mer de Jean d'Ormesson. Comment peut-on être aussi niais et avoir 10 agrégations et 25 licences ? Scènes partouzardes sur yacht genre Onassis. Cet esprit fin et distingué tombe dans le Guy des Cars et le Peyrefitte.

Paul Morand

*

George Sand : Hermaphrodite-circoncis.

Isidore Ducasse (comte de Lautréamont)

*

Il n'y a plus de poètes, il n'y a que des Aragons.

Armand Robin

*

Ampère dit de Balzac : « C'est drôle ! quand j'ai lu ces choses-là (certaines descriptions sales, ignobles, triviales), il me semble toujours que j'ai besoin de me laver les mains ou de brosser mes habits. »

Charles-Augustin Sainte-Beuve

*

La peinture d'Henri Bataille est aussi stupide que sa littérature.

Francis Picabia

*

Emmanuel Berl :
« Je ne suis pas un historien, dit-il, mais un mémorialiste. » C'est un mémorialiste sans mémoire, car enfin, ce fameux résistant de Corrèze venait régulièrement à Vichy ; Jardin, Rochat, Guérard l'ont entretenu sur les fonds secrets, d'abord du Maréchal, ensuite de ce Laval qu'il vomit.

Paul Morand

*

Émile Zola :
Messie de la tinette et du torche-cul.

Léon Bloy

*

L'important, M. Brasillach, n'est pas que vous ayez aimé un seul Allemand, c'est que vous les ayez servis tous.

François Mauriac

*

Ces critiques ne savent distinguer et apprécier ni les diamants bruts ni l'or en barre. Ils ne connaissent en littérature que ce qui a du cours, que les monnaies. Ils sont marchands. Leur critique a des balances, un trébuchet ; mais elle n'a ni creuset ni pierre de touche.

Joseph Joubert

*

À propos des funérailles de Victor Hugo :
Ces funérailles sont bien la plus énorme insulte qui ait jamais été faite à la pudeur et au bon sens. Apothéose du pignouflisme, délire de boutiquiers et de larbins, en quel temps et dans quel monde faut-il se résigner à vivre ! Je pars, samedi, pour Moret ou Fontainebleau d'où je ne rentrerai qu'après que Paris aura cuvé sa honte.

Gustave Flaubert

Erik Satie a trouvé la musique d'ameublement ; façon de s'introduire dans le monde. (Location pour soirées.)

Francis Picabia

*

Rabelais, ce boueux de l'humanité.

Alphonse de Lamartine

*

Je lis mes contemporains comme je lirais des morts.

Jacques-Marie Dupin

*

M. Pauwels, ancien laudateur des paras tortionnaires, porte, désormais, trop de mépris aux armes pour risquer sa loge en pareille aventure : *Planète* lave toujours plus blanc.

In *La Brèche*

*

Les livres devraient être imprimés aussi petit que l'esprit qu'ils contiennent.

Georg-Christoph Lichtenberg

*

Jouhandeau : la vérole au deuxième degré, à soixante-dix-huit ans. Joli record.

Matthieu Galey

*

Sur un critique littéraire :
Quand on lui donne un pourboire, il rend la monnaie.

Henri Chadrenli

*

Ne pouvant pas me défendre dans la presse contre les critiques qui ont hypocritement insinué que je m'apparentais soit à Apollinaire ou à Marinetti, je viens les avertir que, s'ils recommencent, je leur tordrai les parties sexuelles.

Arthur Cravan

*

Victor Hugo n'a pu se faire mettre en prison. Le commissaire a dit qu'il n'arrêtait que les gens sérieux.

Prosper Mérimée

*

À l'époque, un communiqué de presse avait dit : « Monsieur Claude Farrère a été blessé à la tête », à quoi Giraudoux avait ajouté : « Rien d'essentiel n'a été atteint. »

Paul Morand

*

Comme beaucoup d'avares, Hachette croit que ce qui coûte rapporte.

Bernard Frank

*

Les artistes sont le résultat de l'avarice de la nature. Le peu d'esprit qu'ils ont leur est donné par la méchanceté ; Degas, le type absolu du « réussi », est un exemple de ce que je viens d'avancer.

Francis Picabia

*

Nietzsche :
Ce fut un brave homme qui avait des convictions morales. Il est essentiellement un vulgarisateur.

Jean Paulhan

*

Carbon :
On ne pouvait voir quelque chose de plus laid : court et bouffi, de gros yeux saillants, des cheveux hérissés, des dents sales, et, malgré cela, l'air pas trop ignoble.

François René de Chateaubriand

*

Alphonse Daudet :
Rastaquouère du roman moderne avec effraction.

Léon Bloy

*

Picasso – Figurez-vous que j'ai écrit une pièce de théâtre en une semaine.
Moi – Oui, et moi j'ai peint un Picasso en cinq minutes.

Charles Duits

*

La merde, après tout, c'est fait pour se vendre et non pas pour pourrir sur place comme les artichauts bretons.

Bernard Frank

*

Paul Delvaux :
De grâce plus de veau, cela me rend malade surtout avec ce relent angélique de sacristie qui vient s'y ajouter.

René Magritte

*

Bataille veut être poète un peu comme on veut être drôle à propos de rien.

Jules Renard

*

Comment reprocher à Mauriac sa méchanceté ? La méchanceté c'était son talent.

Paul Morand

*

Gorki : veut dire en russe l'Amer. C'était un pseudonyme. Au moment de Staline, on ne l'appelait plus l'Amer, mais le Sucré (Sladki). Il s'était, à la fin de sa vie, complètement embourbé dans la sucrerie.

Michel Ragon

*

Eh ! bon Dieu, qui pense aujourd'hui à Voltaire ? Quelque sot ignorant, en retard d'un demi-siècle, un épicier parvenu de la rue Quincampoix, peut-être, ou un maire de village qui veut faire peur à son curé.

Eugène de Mirecourt

*

Gide a droit à toute reconnaissance des jeunes bourgeois et ouvriers que l'anus tracasse.

Louis-Ferdinand Céline

*

Charles Péguy :
Anesthésiste français.

Louis Calaferte

*

On s'étonne qu'un homme, qu'on s'obstine à regarder malgré lui comme n'étant pas dénué de tout talent, ne veuille pas subir la loi commune imposée aux gens de lettres de ressembler à des ânes ruant et se mordant devant un râtelier vide, pour amuser les gens de l'écurie.

Nicolas de Chamfort

*

Victor Hugo :
Il est bête comme l'Himalaya.

Charles Leconte de Lisle

*

... Je me trouvais mêlé, dans une grande salle, à des confrères tondus comme des aspirants à la guillotine, aux mains exsangues, esthétisant prétentieusement, le monocle dans l'œil, – des confrères correctement sinistres, ainsi que le Baudelaire que j'ai entrevu une fois.

Edmond et Jules de Goncourt

*

Prodigieuse existence que celle de Cocteau : à sauter dans tous les trains en marche depuis 1906, on comprend que le cœur ait cédé !

Paul Morand

*

Je viens de recevoir une ordure qui sort des chiottes, Denise René, ce petit bordel sait ou voit les tendances de l'art abstrait.

Francis Picabia

*

Dans Camus, il y a cabot, Caïn, Caïphe, Caligula, catin, canaille, cautèle et cavon. L'onomastique est une science.

Albert Paraz

*

Académie : macadam pour les mites.

Michel Leiris

*

Une machine à écrire avait un écrivain, mais elle n'est pas rentrée dans ses frais.

Karl Kraus

*

De nos jours, en littérature, on fait bien la maçonnerie mais mal l'architecture.

Joseph Joubert

*

Abats de Gide, déchets de Sartre, rejetons de ces écrivains qui n'ont connu que des vies douillettes ou diplômés-je-sais-tout d'universités, ils se penchent volontiers sur leurs difficultés passées.

Louis Nucéra

*

À la Santé où j'ai vécu sans snobisme quelques mois de ma vie, je me suis condamné à lire ou à relire à peu près tout Paul Claudel. Cette aggravation de peine m'a laissé de la prison un souvenir atroce.

Henri Jeanson

*

– Non, non, je ne suis pas un naturaliste. Réaliste plutôt, si l'on n'avait usurpé ce beau mot pour en faire une étiquette à pourceaux. Ils appellent réalisme une laborieuse description avec une crotte par-ci par-là.

Joseph Delteil

*

Zola à l'Académie ? Allons donc ! Impossible de le nommer : il faudrait percer le fauteuil.

Aurélien Scholl

*

Les écrivains ne lisent plus les écrivains : ils creusent ou ils survolent. Ils jalousent même ce qu'ils méprisent.

Claude Roland-Manuel

*

Pauvre Suarès ! Écrire ainsi à soixante-dix ans passés. C'est à faire pitié.

Paul Léautaud

*

Apocryphe, peut-être, mais après l'élection couplée de Yourcenar et de Droit, un académicien aurait dit : « On a élu une femme, on peut bien élire un con. »

Matthieu Galey

*

À un médiocre écrivain qui vient de lui remettre un de ses ouvrages, avant de partir en voyage.
– Vous ne voulez donc pas que je m'aperçoive de votre absence ?

Comte de Rivarol

*

Bazin a toutes les qualités du monde sauf d'être écrivain.

Bernard Frank

*

Voltaire a des patins. Il excelle à glisser sur les surfaces. Il voit le fond, mais sans y pénétrer.

Joseph Joubert

*

Baudelaire, morte sa bête, vif son venin.

Louis Scutenaire

*

François Coppée :
Poète gâteux ; généreux gaga ; ridicule vieillard.

Léon Bloy

*

France, un homme qui écrit trop en grec, en prévu, veux-je dire. On est trop tranquille, avec lui : on n'espère pas qu'il manquera l'œuf.

Jules Renard

*

Zola. Il s'imagine avoir découvert un monde nouveau, parce qu'il a fait le tour des fesses de Nana.

Jean Richepin

*

Seuls, les écrivains savent être méchants, parce qu'ils ont, seuls, les moyens d'expression convenables, précis, immédiats.

François Mauriac

*

Les philosophes (les soi-disants rois du monde) ne sont en réalité que les cireurs de bottes de la postérité.

Georg-Christoph Lichtenberg

*

Il y a des critiques qui ne demeurent « critique » que le temps de n'avoir pas réfléchi.

Paul Valéry

*

Quatre-vingts ans ! C'est l'âge de la puberté académique.

Paul Claudel

*

Tous les élégiaques sont des canailles.

Charles Leconte de Lisle

*

M. Honoré de Balzac, qui n'est ni le descendant du fameux, ni le parent de l'ancien secrétaire général de l'Intérieur, est un gros garçon assez sale dans sa mise, un peu maniéré dans son style, et fort enclin à dépenser sans avoir.

Louis Veuillot

*

Maurice Barrès : Dans le cirque nationaliste, un simple ramasseur de crottin.

Laurent Tailhade

*

Littérature :
Hélas ! un peu de viande avec beaucoup de sauce. De la pire à la meilleure, ce n'est que la proportion qui change, et les épices.

Jacques-Marie Dupin

*

Les gens de lettres sont des putains qui finissent par ne plus jouir.

Gustave Flaubert

*

Banier. Son drame : on le prend pour un nouveau Cocteau, il n'en est qu'un dessin.

Matthieu Galey

*

Voltaire. Ce n'est pas par la règle du laid et du joli qu'il faut le juger [mais] par celle du bien et du mal. – Si on le pèse surtout au poids du sanctuaire.

Joseph Joubert

*

Maurice Ravel refuse la Légion d'honneur, mais toute sa musique l'accepte. Ça n'est pas tout de refuser la Légion d'honneur, encore faut-il ne pas l'avoir méritée.

Erik Satie

*

Jean Lorrain est étrange comme un crime ; il a la voix délicate d'un homme qui minaude et le ton d'une femme qui débine dans les salons de province. Chacune de ses phrases s'éparpille dans une gerbe de gouttelettes de salive...

Marcel Schwob

*

Monsieur François Mauriac est ce romancier obscur qui offrit jadis aux familles catholiques la satisfaction morose de se savoir composées en majeure partie d'incestueux, de refoulés sataniques et de pères indignes.

Gérard Legrand

*

Il est vrai que Breton, « cet Hitler des lettres », n'y va pas de main morte : l'insulte, la menace, le cynisme. Tout y est...

Joseph Delteil

*

Claude Monet semble avoir découpé ses tableaux dans des toiles d'au moins trente mètres carrés.
Il a beau leur mettre des cartes, on sent bien que le ciel ne s'arrête pas là.

Sacha Guitry

*

Maurice Carême, le vermifuge idéal contre les vers irréguliers.

Marcel Mariën

*

Nier Zola ! mon Dieu, mais c'est nier l'ordure !

Marcel Schwob

*

Les dents du critique dévorent en se jouant des vermisseaux qui possèdent l'esprit de l'idéal.

Francis Picabia

*

Les bibliothèques sont remplies de pitoyables dépouilles de la vie. L'histoire de la pensée est faite de trophées de chasse.

Raoul Vaneigem

*

Rabelais : Son livre, à la vérité, est un ramas des plus impertinentes et des plus grossières ordures qu'un moine ivre puisse vomir.

Voltaire

*

Je puis fabriquer du pseudo-Paulhan, ça m'évite de le lire.

Gérard Legrand

*

Prix de l'ennui : Debord, l'écrivain le plus soporifique du siècle.

Marcel Mariën

*

Valéry en vint au vrai tout-dire et à sa stricte vanité. Il fallait bien qu'on en arrivât après lui au faux rien-dire et à ses dictatures.

Claude Roland-Manuel

*

Ernest Renan :
Une tête de veau qui a des rougeurs, des callosités d'une fesse de singe.

Edmond et Jules de Goncourt

*

Duras n'a pas écrit que des conneries. Elle en a aussi filmé.

Pierre Desproges

*

Quand Aragon a une velléité d'exister, on l'étouffe avec une décoration soviétique.

Alfred Fabre-Luce

*

L'art n'est qu'une viande molle et froide, les cubistes se nourrissent de cette viande.

Francis Picabia

*

Beethoven n'entendait rien à la musique.

Marcel Mariën

*

Catulle Mendès :
C'est bien la tête d'un christ qui aurait la chaude-pisse.

Edmond et Jules de Goncourt

*

Je connais une sorte d'écrivains sentimentaux qui est plate et qui pue. Punaises du galetas de Heine.

Karl Kraus

*

La mite est née le jour où Gaston Gallimard a ouvert son portefeuille devant l'un de ses auteurs.

Alexandre Vialatte

*

De la manière de disparaître :
Il y a des écrivains qui disparaissent de leur vivant (Jules Romains).
Ceux qui coulent à pic, à leur mort (Maurois).
Ceux qui se débattent encore quelque temps en surface (Mauriac, Cocteau...).

Paul Morand

*

M. Paul Morand n'a pas tout à fait abandonné la littérature de bidet. Si nous comprenons bien ce que mal écrire veut dire, M. Morand appartient à la race élue des cavaliers.

Henri Jeanson

*

Voltaire, c'est le bourgeois, le rentier, le spéculateur, le partisan des cours magistraux, des sélections. L'élève des Jésuites, l'antisémite ricaneur, l'anticlérical, l'affameur, son idéologie est celle-là même, et sans fioritures, de la classe possédante.

Bernard Frank

*

Rien ne me paraît ressembler autant à un bordel qu'un musée.

Michel Leiris

*

La plupart des académiciens empruntent tout leur éclat au fauteuil dont ils ne sont que la housse.

Aurélien Scholl

*

Baudelaire se complaît dans les images nauséabondes. Le lecteur se bouche le nez ; la page pue. Ce n'est pas un écrivain.

Édouard Schérer

*

Un académicien, c'est un type qui a un pied dans la tombe et qui écrit avec l'autre.

Anonyme

*

Marcel Proust :
Commerçant qui ne donne pas le poids.

Louis Aragon

*

Il n'y a qu'une classe dangereuse, c'est celle des intellectuels, c'est-à-dire des gens qui possèdent un instrument pour lequel il n'y a pas d'emploi.

Paul Claudel

*

Monsieur Marcel Schwob me fait regretter de ne pas avoir été antisémite.

Jules Renard

*

Jean Racine :
Emberlificoté tremblotant exhibitionniste.

Louis-Ferdinand Céline

*

Lanza del Vasto :
D'un pacifisme bêlant, a su conquérir le cœur des militaires. Caporal d'honneur de la Légion, objecteur de conscience et de revenus...

Raymond Marquès

*

J'ai horreur de Zola, je déteste Zola de toute mon âme. Il est pauvre, pas de style, pas de sang. Comment peut-on ressusciter ce pauvre travailleur ?

Joseph Delteil

*

Je suis celui qui fait semblant de paraître la même année, d'avoir les mêmes préoccupations, d'être de la même race que cette multitude jacassante d'écrivains bardé de bourses, de fondations et d'honneurs qui seront demain les soldats inconnus de la littérature.

Bernard Frank

*

Picasso ? cet homme qui mâchonne tout le temps quelque chose de verdâtre qu'il a envie de te cracher à la figure, veux-tu que je te dise ce que c'est ? c'est l'avènement de la syphilis dans la peinture.

Max Jacob

*

Je hais Aragon, le con, le con d'Elsa. Aragon le traître à ses amis, le traître à son passé. Aragon le patriotard, le Déroulède rosi, le poète-directeur de journal, le surréaliste repenti, l'antimilitariste à croix de guerre, le salaud qu'Éluard lui-même a vomi.

René Fallet

*

André Breton :
Abcès de phraséologie cléricale.

Georges Bataille

*

Jean-Paul Sartre :
Foutu donneur, maudit hideux, chiant pourvoyeur, bourrique à lunettes.

Louis-Ferdinand Céline

*

Victorien Sardou :
Plagiaire accroupi, depuis cinquante ans, sur les œufs d'autrui.

Laurent Tailhade

*

François Mauriac :
Auteur de bouts rimés qui firent les délices de la Cour au temps où Suzy Delair et Patachou faisaient leur numéro de strip-tease... Sentait le fagot, même sous la pluie.

Raymond Marquès

*

Honoré de Balzac :
Il a tout l'air d'être occupé à finir comme il a commencé... par cent volumes que personne ne lira.

Charles-Augustin Sainte-Beuve

*

Il ne restera pas de Lamartine de quoi faire un demi-volume de pièces détachées. C'est un esprit eunuque, la couille lui manque, il n'a jamais pissé que de l'eau claire.

Gustave Flaubert

*

Joseph Joubert :
Trop de vertu. On aimerait y sentir un peu l'odeur de l'homme, celle de la sueur et de l'homme en travail. (À moins que cette odeur, au naturel, ne nous ait fait fuir) ; celle d'une hypocrite canaille, à ce qu'on raconte.

Jacques-Marie Dupin

*

Restif de La Bretonne est un homme qui a passé toute sa vie à raconter sa vie ; et c'est le plus ennuyeux des écrivains ! Calculez le degré de crétinisme qu'il faut à un homme pour cela !

Edmond et Jules de Goncourt

*

Il y a deux sortes d'écrivains. Ceux qui le sont, et ceux qui ne le sont pas. Chez les premiers, le fond et la forme sont ensemble comme l'âme et le corps ; chez les seconds, le fond et la forme vont ensemble comme le corps et l'habit.

Karl Kraus

*

L'art de Copi est de nous intéresser au rien, en lui faisant exprimer toute chose. Le meilleur de sa technique est dans le point de suspension. Il a fini par en faire un sujet !

Alexandre Vialatte

*

À propos de Marcel Schwob :
Une âme et un esprit de vieille femme.

Jules Renard

*

Baudelaire est un signe, non seulement de la décadence des lettres, mais d'abaissement dans les intelligences.

Édouard Schérer

*

Paul Bourget :
Romancier sans muscles ni cartilages.

Léon Bloy

*

M. Morand est devenu le domestique de la politique de M. Hitler. Il avait une âme de valet. Il en a maintenant le tablier. Et il en touche les gages.

Henri Jeanson

*

Édouard Drumont :
Le plus grandiose échantillon de crétinisme illuminé qu'il fut possible de rencontrer, un maraud, un bellâtre, un castrat, un virtuose du tam-tam, la traboucaire de la calomnie, saltimbanque sacrilège, syphilitique de la bêtise et de l'envie qui crevait ses bubons sur un tas d'immondices plus repoussant que le fumier du lépreux biblique.

Georges Darien

*

Je lis un peu de Ronsard... Singulière chose que la renommée. Quand je pense qu'un pédant comme Malherbe et un pisse-froid comme Boileau ont effacé cet homme-là et que le Français, ce peuple spirituel, est encore de leur avis ! Ô goût ! ô porcs ! porcs en habit, porcs à deux pattes et à patelot.

Gustave Flaubert

*

À Jacques Sternberg :
Vos contes donnent l'impression d'être assez mal traduits du néerlandais.

Jean Paulhan

*

Comme littérateur, Arsène Houssaye me semble un homme fait pour raconter des contes de fées à des putains.

Edmond et Jules de Goncourt

*

Richard Wagner :
Son infatuation germanique lui fait prendre pour illuminée et digne de passer à la postérité n'importe quelle suite incohérente de sons que, à des minutes de fatigue, il a cru entendre glapir au fond de son trop énorme cerveau de dégénéré.

Pierre Loti

*

... indigence navrante des idées, adjectifs chevilles, abstractions inintelligibles, langue logogriphique, inspirations puérilement prétentieuses, poésie scrofuleuse, écœurante, glaciale, sans couleur... Baudelaire, déchu de sa renommée de surprise, ne sera plus cité désormais que parmi les fruits secs de la poésie contemporaine.

Louis Goudall

*

Je devine à la mollesse du ton de leur auteur les livres qu'il a écrits couché.

Marcel Jouhandeau

*

Si le jeu du sottisier n'était vite lassant, on l'alimenterait à fort bon compte en lisant, de préférence à haute voix et en public, les éditoriaux effarés de M. Louis Pauwels, ce bedeau de la technicité, ce notaire de la jobardise, cet annuaire du canard.

Robert Benayoun

*

Guillaume Apollinaire :
Obusier étranger, fabriqué sous licence française, qui permit au maréchal Foch de gagner en 14-18. A fini en pot de bière dans un jardinet de Saint-Germain-des-Prés.

Raymond Marquès

*

Beethoven a toujours été pour moi comme des sacs de clous qu'on renverserait avec, de temps à autre, un coup de marteau.

John Ruskin

*

Hector Berlioz :
Un détestable musicien... On ne peut imaginer rien de plus niais, si ce n'est ceux qui admirent de telles platitudes.

Adolphe Adam

*

Jean-Paul Sartre :
Agité du bocal.

Louis-Ferdinand Céline

*

Un livre est un petit trou bien enfoui, fermé par deux couvercles. Un endroit idéal où déposer ses mensonges.

David Herbert Lawrence

*

Mirabeau disait : « Je suis payé, mais je ne suis pas corrompu. » Céline n'est peut-être pas payé, mais il est sûrement corrompu.

Hanns-Erick Kaminski

*

Critiques : le plus sale roquet peut faire une blessure mortelle. Il suffit qu'il ait la rage.

Paul Valéry

*

Barbey d'Aurevilly, cuistre impur, fat vieilli, et beaucoup plus barbet qu'il n'est d'Aurevilly.

Victor Hugo

*

Édouard Drumont :
Entrepreneur de mensonges, fauteur d'assassinats et pasteur de solécismes.

Laurent Tailhade

*

Moins heureux qu'André Frossard qui a rencontré Dieu, François Mauriac, lui, n'a rencontré que le Général.

Henri Jeanson

*

Rabelais :
Je crois que les immondices du texte pur vous le feraient tomber des mains. Ces immondices sont les plaisanteries de son temps, et le nôtre, Dieu merci, ne peut plus supporter de telles ordures.

George Sand

*

Marcel Schwob :
Pas d'esprit. La préoccupation de savoir des choses que personne ne sait. La mauvaise humeur d'un artiste à ne lire que le livre qui est sale et vieux.

Jules Renard

*

M. Delteil soudain ressuscité vous convie à descendre au salon dans vos plus agrestes atours, putains des lettres françaises. Écoutez-le, vous réussirez. Il a su charmer les maquerelles du prix Fémina... Pour sa robe des champs, M. Delteil a dépecé son œuvre. Cousus de fil blanc, les bouts et morceaux de l'Arlequinade marient, dans une crasseuse harmonie, le francisme ordurier et la bondieuserie fanfaronne.

René Crevel

*

Maurice Druon n'est pas de ceux qui font une carrière éclatante dans la modestie.

Antoine Blondin

*

Les critiques sont comme les puces, qui vont toujours sauter sur le linge blanc et adorent les dentelles.

Gustave Flaubert

*

Paul Claudel :
Conservé dans le formol au Muséum. Provoque l'attendrissement des ethnologues et l'horreur chez les petits garçons.

Raymond Marquès

*

Il faut tuer les lettristes pendant qu'ils sont jeunes.

François Mauriac

*

De ces lieux littéraires, si intouchables qu'on ne les approche pas, même par la lecture.

Théodore Koenig

*

Je comprends qu'à force de se contempler dans le regard mort des bêtes, Hemingway ait choisi de se voiler la face d'un coup de fusil.

Raoul Vaneigem

*

Académicien, place méprisée par les gens qui pensent, respectée encore par la populace et toujours cousue par ceux qui n'ont que de la vanité.

Voltaire

*

Sur l'Académie Goncourt :
Je n'avais pas pensé devoir être obligé d'arriver à la salle à manger en passant par la cuisine.

Lucien Descaves

*

La veille, son éditeur lui avait donné de l'argent pour aller chez le coiffeur. À ce signe infaillible, un écrivain, sous toutes les latitudes, reconnaîtra qu'un prix littéraire ne va pas tomber loin. Les condamnés à mort sont également sensibles à ce genre de présage.

Antoine Blondin

*

Un musicien meurt toujours au moment où il commençait à apprendre la musique.

Jean Clémentin

*

Quand un auteur vous demande un jugement sans détour, sa haine et son mépris ne sont pas loin.

Gérard Le Gouic

*

On doit lire tous les écrivains deux fois, les bons et les mauvais. Les uns, on les reconnaîtra, les autres, on les démasquera.

Karl Kraus

*

Jean-Jacques Rousseau. La vie sans actions, toute en affections et en pensées demi-sensuelles ; fainéantise à prétentions, voluptueuse lâcheté, inutile et paresseuse activité qui engraisse l'âme sans la rendre meilleure, qui donne à la conscience un orgueil bête et à l'esprit l'attitude ridicule d'un bourgeois de Neuf-Châtel se croyant roi.
Le bailli suisse de Gesner dans sa vieille tour en ruines. La morgue sur la nullité.
Enfin l'emphase du plus voluptueux coquin qui s'est fait sa philosophie et qui l'expose éloquemment. Le gueux se chauffant au soleil et méprisant délicieusement le genre humain.

Joseph Joubert

Un auteur s'excusait devant lui d'une pièce de qualité médiocre.
– Je n'aurais pas dû la signer !
– Mais si, mais si, répond Tristan Bernard. Et puis on vous aurait reconnu...

Cité par Léon Treich

*

Léon Bloy :
Jocrisse enragé que les sacristies même vomissent de dégoût.

Laurent Tailhade

*

Zola :
Tant qu'il n'aura pas dépeint complètement un pot de chambre plein, il n'aura rien fait.

Victor Hugo

*

L'intelligentsia est la galerie des glaces du pouvoir.

Raoul Vaneigem

*

En somme, tous les jugements de Voltaire sont cassés ou par la science ou pour la probité ; il n'a pleinement l'admiration que des sots et pleinement l'estime que des drôles. Voltaire a fait non seulement le métier le plus vil, mais encore le plus sot du monde.

Louis Veuillot

*

L'autre jour, au fond d'un vallon
Un serpent piqua Jean Fréron
Que pensez-vous qu'il arriva ?
Ce fut le serpent qui creva.

Voltaire

*

La critique devrait éclairer ses vessies.

Théodore Koenig

*

L'Académie croit abriter des immortels ; ils n'y font que passer leurs vieux jours.

Victorien Touche

*

L'Académie française se nourrit d'embryons de poulets.

Étienne Wolff

*

Tous les sketches de Copi représentent du rien dans le vide quand le presque-rien l'interrompt un instant.

Alexandre Vialatte

*

Demander à un créateur ce qu'il pense d'un critique, c'est demander à un réverbère ce qu'il pense d'un chien.

John Osborne

*

La mort de Victor Hugo :
Me voilà soulagé d'un grand poids ; ce vieux me gênait dans sa petite maison au bout de son avenue.

Émile Zola

*

Intellectuels ? – Ceux qui donnent des valeurs à ce qui n'en a point.

Paul Valéry

*

Richard Wagner est chargé, à lui seul, d'une plus grande quantité de dégénérescence que tous les dégénérés ensemble que nous avons jusqu'ici.

Max Nordau

*

La plupart des artistes exhibent leurs idées neuves ou fraîchement retournées comme les paysans leurs habits du dimanche.

Julien Torma

*

D'abord le chien renifle, puis il lève lui-même la patte. Contre ce manque d'originalité, on ne peut décemment rien objecter. Mais que le littérateur lise d'abord, avant d'écrire, c'est consternant.

Karl Kraus

*

J'ai repris mon journal, par intermittence. Maintenant que je suis malade, c'est tout ce que je peux faire, noter trois lignes par jour.
– Ça ne se vendra pas, dit un ami. Faudrait un beau titre.
– J'ai pensé : « Journal d'une vieille putain... » C'est aguicheur.
– Quelle putain ?
– Moi...
– C'est vrai que vous l'êtes tous, journalistes, écrivains. Regarde Duhamel, Camus, Sartre. Et cette salope de Mauriac...

Albert Paraz

*

Il y a hélas, chez Jean-Paul Sartre, un Fouquier-Tinville qui ne dort que d'un œil, un avocat général Mornet qui a tout plein de petits poteaux dans la poche.

Henri Jeanson

*

J'ai mis une minijupe à un réverbère.
En l'espace de cinq minutes chrono, le réverbère a été violé six fois.
Sous mes yeux.
J'ai fait la contre-expérience.
J'ai mis une jupe longue au réverbère. Il n'a été violé qu'une seule fois en cinq minutes : par M. François Mauriac.

François Cavanna

*

Le jour où je n'aurai plus que mes fesses pour penser, j'irai les asseoir à l'Académie.

Georges Bernanos

*

André Malraux est organiquement incapable d'indépendance morale : il est officiel de naissance.

Léon Trotski

*

Dieu n'est pas romancier, M. Mauriac non plus.

Jean-Paul Sartre

*

Un écrivain est comme un cheval, il doit constamment être fouetté.

Isaac Bashevis Singer

*

Le métro est tapissé d'affiches pour *Sodome et Gomorrhe*, la nouvelle pièce de Giraudoux. Cet esbroufeur snobard a pris un titre terrible pour envelopper une petite merde à la crème, un petit soufflé au purin. Ses livres d'il y a vingt ans sont illisibles. Ce gommeux a fait son chemin dans tous les bourbiers. Il a été grand inquisiteur de la *poésie française*, ce qui signifie, dans leur cervelle d'égout, censeur de ce fleuve de boue qui a nom *La presse*. Vil et bas avec des manières de vieille catin. Oh ! il n'est pas dangereux, il est répugnant !

Maurice Blanchard

*

Sainte-Beuve, ce crapaud qui voudrait tant être une vipère.

Jules Barbey d'Aurevilly

*

Une des grandes consolations des damnés est de se délecter de la pire littérature qui soit : la littérature allemande.

Christian-Dietrich Grabbe

*

La musicologie est à la musique ce que la gynécologie est à l'amour.

Herbert von Karajan

*

Rivarol :
Sa méchanceté lui avait donné l'idée (et l'instinct, disait Cérutti) de toutes les sortes de ridicules ; il les voyait où il voulait.

Joseph Joubert

*

À propos de Françoise Sagan :
Erratum : il ne fallait pas lire : « La cocaïne de *Bonjour tristesse* prenait de l'héroïne », mais bien : « L'héroïne de *Bonjour tristesse* prenait de la cocaïne ».

Les Nuls

*

Avec Aragon, c'est un peu de la servilité humaine qui s'en va. Que ce soit la fête le jour où l'on enterre la ruse, le traditionalisme, le patriotisme, l'opportunisme, le scepticisme, le réalisme et le manque de cœur.

Angelo Rinaldi

Chapitre six

VARIÉTÉS

Et si Jésus avait été un petit gros, genre Benny Hill, et non le jeune premier issu de la peinture italienne et relayé par le cinéma hollywoodien ? Rien n'empêche un sauveur d'avoir une sale gueule.

Marcel Mariën

*

Lit. Lieu d'aisances pour imaginaire, nos cervelles viennent y soulager leurs boyaux.

Philippe Bosser

*

Je tiens beaucoup à ma montre, mon père me l'a vendue sur son lit de mort.

Woody Allen

*

Le fouet sans les fesses est une cuisine sans sel.

Dimitri Korniloff

*

Quand on veut jouer *La Dame aux camélias* pendant vingt ans, il faut avoir de drôles de poumons.

Arletty

*

Le penchant des esprits médiocres est de briller par le ton et le jargon du siècle.

Stendhal

*

Je n'aime pas les endroits où l'on s'amuse parce que les gens qui s'ennuient y vont.

Maurice Baring

*

Maître Floriot plaide beaucoup pour la police. Quoi de plus naturel ? Il veut entretenir de belles relations avec ses fournisseurs.

Henri Jeanson

*

Devant le cercueil de Jules Berry, amnésique notoire :
C'est bien la première fois que je rends hommage à sa mémoire.

Yves Mirande

*

Robbe-Grillet et Duras. Je les comprends pas. Lorsqu'il y a un dialogue d'eux, on devrait équiper les fauteuils avec des écouteurs, comme à l'ONU. Le verbe de Duras et de Robbe-Grillet serait traduit instantanément en français par des spécialistes.

Michel Audiard

*

Marcel Achard lisant une liste des nouveaux promus de la Légion d'honneur :
– Ce n'est pas une promotion, c'est une rafle !

*

À propos de la promotion d'un haut fonctionnaire qu'il vient de signer :
Ce serait dommage que tant de trahisons ne soient pas récompensées.

François Mitterrand

*

Sur Joséphine Baker en Mai 68 :
Elle a commencé avec les bananes, elle finit avec le régime.

In *Le Canard enchaîné*

*

J'ai déjà marché dans de l'Audiard. Comme c'était du pied gauche, ça m'a porté chance.

Jean-Louis Bory

*

Un médecin : « Sauf complications, il va mourir. »

Jules Renard

*

Entre autres malheurs, les treize morts du stade de Bastia ont été frustrés de la grande nouvelle du lendemain : le décès de Marlène Dietrich.

Marcel Mariën

*

La télé ? Le chewing-gum de l'œil.

René de Obaldia

*

Les fanfarons des médias sont des singes dotés de cordes vocales et aussi d'une main apte à tenir un stylo.

Louis Nucéra

*

La télévision a un estomac d'autruche et de cochon ; tout lui est bon qui lui fait ventre.

Pierre Marcelle

*

Fermer les maisons closes, c'est plus qu'un crime, c'est du pléonasme.

Arletty

*

Un œil sur le manuel du petit anar et l'autre accroché sur la Centrale catholique, M. Truffaut aimerait persuader les clients du *Fouquet's* qu'il est un individu dangereux.

Michel Audiard

*

Non seulement elle ressemble à un bouledogue habillé, elle chante toutes les chansons de la même manière et, pire que tout, dans notre film, elle est supposée me donner la réplique mais je ne comprends pas un traître mot de ce qu'elle dit. Il faudra fournir à toutes les salles de cinéma un interprète avec le film si on veut faire marcher cette affaire.

Groucho Marx

*

Il y a des moments où l'on a envie de se pendre aux cordes vocales de Tino Rossi ! Mais elles ne sont pas solides. Écoutez-le. Ce ne sont pas des cordes. Ce sont des ficelles. Et encore !

Henri Jeanson

*

Giscard :
Célèbre chauve creux de la seconde moitié du seizième arrondissement.

Pierre Desproges

*

Pendant l'Occupation, Jünger me disait : « Si les journaux paraissaient sur un timbre-poste, il resterait encore assez de place pour vous injurier. »

Jean Cocteau

*

Autrefois, les décors étaient en carton et les acteurs, authentiques. Maintenant, les décors sont au-dessus de tout soupçon ; et les acteurs en carton.

Karl Kraus

*

Ici c'est une grande famille. Quand un gars veut une augmentation, il vient me voir, je l'écoute et hop ! Je le vire.

Michel Audiard

*

Rien ne semble plus effrayant que ce regard carnivore, excité, faussement apitoyé, qui brille dans les prunelles des présentateurs du journal télévisé quand ils ont un sujet bien sanglant à se mettre sous la dent...

Jacques Sternberg

*

Il dormait à poings fermés pour cause de décès.

Jules Renard

*

Jean Alési a pris une grande décision pour la saison prochaine : il passe le permis de conduire.

Laurent Ruquier

*

Les propos antisémites d'Autan-Lara ? C'est le sphincter buccal qui a lâché !

Guy Bedos

*

Kirk Douglas :
Douglas est un faux jeton, il a le trou du cul au milieu du menton.

Robert Mitchum

*

– Plus jeune vous rêviez d'être le collant d'Ursula Andress et aujourd'hui ?
– J'aimerais simplement avoir quelqu'un qui me mette une couverture sur les jambes et qui pousse mon fauteuil au soleil.

Woody Allen

*

Ci-gît, muette enfin, Mireille
Mathieu
Qui n'offense plus que l'oreille
De Dieu

Jean Derouen

*

On connaît le mot fameux de Napoléon :
« Talleyrand, c'est de la merde dans un bas de soie ! »
Il ne manque à M. Sacha Guitry que le bas de soie pour être un incomparable Talleyrand.

Henri Jeanson

*

Un magazine à grand tirage a inventé un nouveau jeu : Frappez l'infirme, dont le grand prix était : un ticket d'avion pour les Indes en pleine période de famine.

Robert Benayoun

*

Mireille Mathieu, elle n'est ni à gauche ni à droite, elle est où on la pose.

Guy Bedos

*

Fernandel : Avec sa gueule chevaline, il était sûr d'être à l'arrivée !

Arletty

*

À Los Angeles ils ne jettent pas leurs ordures. Ils en font des émissions de variétés pour la télévision.

Woody Allen

*

Laurent Terzieff, ce végétarien à la mâchoire de carnivore. Se gargarise de mots en « isme », pense, pense, mais avec la candeur d'un gosse de vingt ans.

Matthieu Galey

*

Fernandel ne ressemblait à personne. Heureusement pour les autres.

Henri Jeanson

*

Combien d'acteurs paraissent naturels parce qu'ils n'ont aucun talent.

Jules Renard

*

Bernard Henry-Lévy :
Il fut [...] envoyé spécial du journal *Combat* au Bengladesh, d'où il rapporta sa première œuvre oubliable et le dégoût du riz complet.

Pierre Desproges

*

Actrice. Elle se pâme, l'œil dans la salle, l'oreille chez le souffleur.

Jules Renard

*

Bernard Shaw : Cela vous gêne-t-il si je fume ?
Sarah Bernhardt : Cela ne me gênerait même pas que vous brûliez.

*

Il y a des aristocrates et des parvenus dans la connerie comme dans le reste.

Michel Audiard

*

Les journaux ont à peu près le même rapport à la vie que la cartomancienne à la métaphysique.

Karl Kraus

*

Vous allez faire beaucoup d'argent avec ce disque. Surtout si vous ne l'enregistrez pas.

Groucho Marx

*

Je suis une injure au bon goût.

Josiane Balasko

*

Il parlait du nez, faute de conversation.

Gabriel Bacri

*

– Est-il vrai que les gens maigres ont de l'esprit ? demande un raseur à Marguerite Moreno.
– Oui, mon gros !

*

Hier soir, à la télévision, trois journalistes « importants » laissaient voir leur âme secrète, épaissie par la haine et la vanité. Il est trop tard, sans doute, pour qu'ils subissent une cure d'amaigrissement.

François Bott

*

Ce que la vérole a épargné sera dévasté par la presse. Avec le ramollissement cérébral de l'avenir, la cause ne pourra plus s'établir avec certitude.

Karl Kraus

*

Avec son regard, Dalida à la télé donnait l'impression d'être sur deux chaînes à la fois.

José Artur

*

Les chanteurs et les chanteuses de la radio. Aucune invention mélodique. Ils gémissent tous. Moineau de *Paris* – Gamin de *Paris* et autres paroles ineptes. C'est le genre complainte. Et le robinet d'eau tiède coule dans toutes les maisons. La chanson de « Paris » est à vous dégoûter de Paris pour toujours.

Jean Cocteau

*

Sur Jean-Louis Bory :
M. Bory est le seul intellectuel beauceron qui écrive directement en version chinoise.

Michel Audiard

*

Combien de journalistes penseurs et d'artisans du pensum pensif deviennent millionnaires en ne rédigeant que d'attendrissants articles sur les problèmes de la faim dans le monde ? Beaucoup, un peu partout. Certains, malgré leur graisse cossue et leurs gros costards, arrivent même à se donner l'air de porter sur eux toute la misère de la planète.

Jacques Sternberg

*

Réflexion faite, je ne sais pourquoi je m'abstiendrais plus longtemps de dire que *L'Humanité* – puérile, déclamatoire, inutilement crétinisante – est un journal illisible.

André Breton

*

Le dentier de l'abbé Pierre demande l'asile politique. Il en a marre qu'on lui fasse dire des conneries.

Laurent Ruquier

*

Le journalisme consiste à annoncer que M. Watson est mort à des millions de gens qui ne savaient pas qu'il vivait.

Mark Twain

*

Journaliste : s'en méfier, toujours. Ne parle que de ce qui est connu parce que le public ne connaît que ce dont on parle. Un journaliste se retourne suivant qu'il y a demande ou non de la chose à commenter, le même qui insulte le mardi peut applaudir le vendredi.

Barthélemy Schwartz

*

Je suis dixième au box-office. Juste sous Barbara Streisand. Vous vous imaginez être *sous* Barbara Streisand... donnez-moi un sac, je vais vomir.

Walter Matthau

*

Je ne comprends pas qu'une main pure puisse toucher un journal sans une convulsion de dégoût.

Charles Baudelaire

*

Catherine Deneuve :
Elle est belle comme la mort, elle a la séduction du péché, elle est froide comme la vertu.

Luis Buñuel

*

Je suis ancien combattant, militant socialiste et bistrot. C'est dire si dans ma vie, j'ai entendu des conneries.

Michel Audiard

*

La presse a quelque ressemblance avec le coq qui croyait que sans son cocorico le soleil ne se lèverait pas.

François Mauriac

*

Patricia Kaas, elle a la voix de Piaf... et les chansons des Musclés. Sa voix ne va pas du tout avec ses chansons, c'est comme ces disques... Ils ne vont pas du tout avec ma chaîne.

Patrick Timsit

*

Le savant est un homme qui fait relier des livres pour les changer de place.

Francis Picabia

*

Scoop : les photos de Mitterrand sur son lit de mort auraient été prises par Jack Lang. La preuve ? Si c'était pas lui, il serait sur la photo.

Laurent Ruquier

*

Je suis allé rendre visite une fois à mon ami Alec Woolcott, au fin fond de sa cambrousse, avec ma Ford Model-T qui, je dois en convenir, n'était pas de toute première fraîcheur. « Qu'est-ce que c'est que cette voiture ? » m'a-t-il demandé lorsque je suis arrivé. « C'est ma voiture de ville. » « Quelle ville ? a-t-il répliqué. Pompéi ? »

Harpo Marx

*

À propos du critique Marnold :

Un pauvre cuistre de poulet...
Un pénible artichaut de pisse...
Un grotesque parapet foireux...

Erik Satie

*

Juppé à une tête à se faire gifler par Gabin dans un film en noir et blanc.

Guy Bedos

*

Ces journalistes venimeux qui vous insultent, vous diffament – il ne suffit pas qu'on les lise. Il convient encore qu'on ait vu les gueules dont ils sont pourvus.
Ça renseigne et ça tranquillise.

Sacha Guitry

*

Jeter respectueusement le commandant Cousteau aux requins.

Marcel Mariën

*

Quand Mireille Mathieu dit une bêtise au moins elle ne chante pas.

José Artur

*

Le journaliste : Que voudriez-vous pendre à votre arbre de Noël ?
Moi : Les journalistes.

Jean Cocteau

*

Cinéaste sous-Mack Sennett, acteur sous-Max Linder, Stavisky des larmes des filles-mères abandonnées et des petits orphelins d'Auteuil, vous êtes, Chaplin, l'escroc aux sentiments, le maître-chanteur de la souffrance.
Il fallait au cinématographe ses Delly. Vous lui avez donné vos œuvres et vos bonnes œuvres.
...
Vous êtes « celui-qui-tend-l'autre-joue-et-l'autre-fesse » mais nous qui sommes jeunes et beaux, répondons Révolution lorsqu'on nous dit souffrance.
...
Les feux de la rampe ont fait fondre le fard du soi-disant mime génial et l'on ne voit plus qu'un vieillard sinistre et intéressé.

S. Berna, J.-L. Brau, G.-E. Debord, G.-J. Wolman

*

Les journaux sont les sangsues quotidiennes que vous placez en couronne sur votre tête.

Francis Picabia

*

Brigitte Bardot est incapable de faire du mal à une mouche. Elle ne sait pas reconnaître une bombe insecticide d'un vibromasseur.

Jacques Charrier

*

Marilyn Monroe ? Un vacuum à mamelles.

Otto Preminger

*

Chaque matin, en se rendant à son bureau, l'employé, en passant devant une fenêtre de son rez-de-chaussée, assistait à la même scène bizarre : un mère furibonde frappait son petit garçon à grands coups de pain sur le crâne.
La scène se renouvelait jour après jour, lorsqu'un matin, l'employé eut une surprise : devant sa fenêtre, la mère donnait de grands coups sur la tête du petit garçon, mais cette fois-ci avec un cake.
– Bonjour, madame, dit-il aimablement, passant sa tête par la fenêtre. Alors, on n'a plus de pain, aujourd'hui ?
– J'en ai, sourit la mère. Mais aujourd'hui, c'est son anniversaire !

Robert Benayoun

*

C'était *La Mort du cygne*. Des bruits couraient que le ballet avait été commandité par des bookmakers du nord de l'État de New York et que l'on pariait gros sur la survie de l'oiseau.

Woody Allen

*

Je ne sais pas de spectacle plus sain, d'un comique plus réconfortant, que celui d'un monsieur recevant de main de maître une beigne qu'il avait cherchée.

Georges Courteline

*

– Il paraît que Régine va remonter sur scène...
– Remonter comment ? Avec une grue ?

Serge Gainsbourg

*

Un fiacre vide s'arrête devant la Comédie-Française. Sarah Bernhardt en descend.

Aurélien Scholl

*

Christine Bravo incarne dans le PAF le même personnage que Séraphin Lampion dans les aventures de Tintin. Ses plaisanteries la font se tordre. Ses trouvailles l'éblouissent. La muflerie lui paraît une façon de rester simple. Elle s'attache à féminiser le comique de chambrée, à montrer qu'une assemblée de filles peut être aussi balourde et grossière qu'une bande de mecs. Elle y parvient. Cela plaît sûrement à ceux qui aiment que la femme ait l'air d'une oie et l'homme d'un jars.

Philippe Meyer

*

J'parle pas aux cons, ça les instruit.

Michel Audiard

*

François Mauriac apercevant la veuve, très âgée, de Paul Claudel :
– Mon Dieu, comme elle a dû être laide !

*

Il faut pas oublier qu'un jour Hervé Vilard a été à la mode, je crois que c'était un jeudi.

Patrick Timsit

*

De nos jours, un « échange d'idées » à table ou devant un micro, ce sont dix bègues qui hurlent ensemble des onomatopées.

Jean-François Revel

*

Jules Clarétie :
Avec son nez de travers, on dirait qu'il a reçu une gifle d'un seul côté.

Tristan Bernard

Il a mis son nez de côté pour ses vieux jours !

Marguerite Moreno

*

Au cours d'un grand déjeuner, on a l'autre jour fêté Pierre Lazareff pour sa cravate de commandeur de la Légion d'honneur et son certificat d'études. Ce n'est qu'en partie vrai. Il a la cravate.

Henri Jeanson

*

Maria Callas :
Depuis qu'elle a perdu quarante kilos, elle ne se produit plus que les jours maigres...

Antoine Blondin

*

La presse est une école d'aboutissement parce qu'elle dispense de penser.

Gustave Flaubert

*

... les acteurs d'aujourd'hui se fréquentent à hauteur du compte en banque. Et je crois que c'est vrai, l'argent les a rendus ridicules.

Arletty

*

Georges Clemenceau à Georges Mandel, son directeur de cabinet :
– Écrire, ça n'est pas sorcier : des phrases courtes avec un sujet, un verbe, un attribut. Lorsque vous voudrez ajouter un adjectif, vous viendrez me trouver !

*

France Gall était trop bébête pour être une lolita. Une lolita ça doit quand même savoir allumer. Elle ne m'allumait pas du tout. J'avais l'essence mais elle n'avait pas de briquet.

Serge Gainsbourg

*

Les conversations de coiffeur sont la preuve irréfutable que les têtes sont là à cause des cheveux.

Karl Kraus

*

Steve McQueen aimait les partouzes. Ce type avait décidément toujours besoin d'une audience !

Robert Mitchum

*

Pivot, depuis longtemps, n'écoute plus ceux qu'il invite. Il joue les ingénus, mais, au fond, ce n'est plus qu'une vieille ménagère un peu dure de la feuille. Il a sa liste de commissions à faire, ses questions à poser ; il les raye, l'une après l'autre, pour être sûr de ne pas y revenir.

Philippe Lançon

*

Journalistes vous êtes tous de néfastes hiboux
Vos immondices s'accumulent
En écume ambitieuse.

Francis Picabia

*

Quand un « grande signature » quitte bruyamment un journal, celui-ci ne perd qu'un seul acheteur.

Guy Hocquenghem

*

Les acteurs, c'est comme le papier hygiénique, ça ne devrait servir qu'une fois.

Georges Perros

*

Brel, le Brassens des classes moyennes.

Marcel Mariën

*

Jackie Kennedy avait la voix de ces filles qui, la nuit, à la radio, vous murmurent tendrement à l'oreille pour vous vendre des crèmes épilatoires.

Norman Mailer

*

En grillant des toasts pour mon déjeuner,
Ma tante est tombée dans la cheminée.
Mais, ce qui surtout me fend l'âme,
Tous les toasts ont brûlé avec la pauvre femme.

Harry Graham

*

Maria Callas possède un visage que l'on consulte, comme le temps. Une météo subtile réduisait le public de l'Opéra à l'état de tapis-brosse : il s'astreignait à épouser les moindres méandres de la partie où s'aventurait cette cantatrice tous terrains.

Antoine Blondin

*

... J'ai peur de l'avouer, j'avais quarante ans passés, eh bien, le jour de la mort de Brassens, j'ai pleuré comme un môme. J'ai vraiment pas honte de le dire. Alors que – c'est curieux – mais le jour de la mort de Tino Rossi, j'ai repris deux fois des moules.

Pierre Desproges

*

Il y a des gens qu'on tolère dans les lieux publics uniquement parce qu'ils ne paient pas. On les appelle des rédacteurs.

Karl Kraus

*

Presse à scandale :
Je ne trouve ces feuilles-là qu'aux chiottes et mon cul ne sait pas lire.

Arletty

*

Arthur Meyer quittait à regret un repas, pressé de se rendre au *Gaulois*. Sur le seuil de la porte, se retournant, il implora :
– Ne soyez pas trop méchants !
Et Forain répliqua, féroce :
– Je vous défendrai.

Cité par Sacha Guitry

*

Bruel, je voudrais bien aimer ses chansons, mais je suis trop vieux, je comprends les paroles.

Patrick Timsit

*

Christine Deviers-Joncourt :
Elle ment comme elle aspire.

Laurent Ruquier

*

À propos d'un journaliste à l'haleine forte :
C'est merveilleux d'être placé à côté de lui dans un déjeuner. Quand on mange du poulet, on croit que c'est du faisan !

Aurélien Scholl

*

Si la connerie se mesurait, il servirait de mètre-étalon.

Marcel Audiard

*

Deux missionnaires étaient en train de cuire dans la marmite des cannibales.
– Eh bien, dit l'un d'entre eux, cela leur donnera tout de même un avant-goût de la religion.

Robert Benayoun

*

La force de la radio par rapport à la télé, c'est que les oreilles n'ont pas de paupières.

François Billetdoux

*

Les techniques du théâtre moderne commencent à pénétrer dans la politique. Les acteurs à l'ancienne mode, qui appuient leurs effets, le cèdent à ceux qui ont appris l'art de la distanciation. Le règne des chaleureux imposteurs prend fin ; voici venir le temps des pitres impassibles.

Jean Clémentin

*

Renaud croit connaître la classe ouvrière parce qu'il a tourné dans *Germinal* !

Arlette Laguiller

*

De deux choses l'une : ou bien Jacques Séguéla est un con, et ça m'étonnerait tout de même un peu ; ou bien Jacques Séguéla n'est pas un con, et ça m'étonnerait tout de même beaucoup.

Pierre Desproges

*

W. C. Fields : – Je prends la petite vieille et d'un seul coup de poing je lui casse toutes les dents !
Le barman : – Mais non, tu te trompes : le coup de poing, c'est moi qui l'ai donné...
W. C. Fields : – C'est possible, mais en tout cas, c'est moi qui ai donné le premier coup de pied !

*

On pouvait voir à travers sa barbe combien il eût été laid sans barbe.

Jules Renard

*

« Vous prendrez votre revanche », disait Lucien Guitry à un comédien qui lui affirmait : « Je suis un convaincu. »

*

Léo Ferré :
Petit chasseur chevelu qui se prend pour Shakespeare chaque fois qu'il rote... Gros éleveur de singes... révolutionnaire rentier...

Raymond Marquès

*

Kirk Douglas sera le premier à vous dire qu'il n'est pas un acteur facile. Je serai le second.

Burt Lancaster

*

Le jour où le flagrant délit de connerie sera passible des tribunaux, il y a pas mal de juges qui n'auront pas à quitter la salle.

Jean Yanne

*

Un jour, John Wayne m'a envoyé un scénario qu'il avait écrit quelques années auparavant. Je ne l'ai pas rappelé. C'est lui qui, finalement, m'a téléphoné. Il m'a tout de suite dit : « Je pense que j'aurais dû mettre plus de feu dans le scénar, non ? » Je lui ai répondu : « Et vice versa » et j'ai raccroché.

John Huston

*

Le nain Pieral :
Un monsieur obséquieux lui déverse des tonnes de compliments sur son rôle dans *Les Visiteurs du soir*. « Ah ! vous étiez inoubliable, l'âme du film... C'est votre part de gloire. »

L'autre l'écoute, méprisant, et répond : « Vous savez, la gloire, c'est une tartine de merde dont on mange une bouchée. »
Plus tard, quelqu'un lui demande le nom d'une personne qui vient de s'en aller. « Oh ! moi, je ne sais jamais les noms. j'suis comme de Gaulle quand il passe une revue. »

Matthieu Galey

*

Mais où avez-vous vu qu'elle était respectable, la personne humaine ? Vous avez entendu chanter Francis Lalanne ?

Pierre Desproges

*

Il avait des amis si incultes qu'il les éblouissait en leur lisant les journaux les plus plats.

Chaval

*

Quand une actrice n'est pas ridicule à fouetter, on dit qu'elle a du talent.

Jules Renard

*

Il était si laid qu'on l'employait dans les cauchemars.

Gabriel Bacri

*

Depuis l'âge de vingt ans, il était privé de toutes les joies de ce monde.
– Il était eunuque ?
– Non, il était sourd, mais ça ne le gênait pas pour son état de dentiste...

Eugène Chavette

– Mais je n'ai jamais mal à la tête, jamais. Mes parents l'ont tellement martelée avec la barre de fer qu'elle est devenue insensible.

Roland Topor

*

Dans *La Mariée était en noir*, j'avais besoin de montrer un personnage ridicule et prétentieux. Cela nous a aidés de penser à Jean Dutourd.

François Truffaut

*

À propos de ceux – journalistes, courtisans ou autres – qui publiaient des livres sur lui :
J'ai fait leur fortune. Ce sont mes pauvres. Ils mangent dans mon assiette.

François Mitterrand

*

La différence entre une bière et un chasseur, c'est que la bière ils la font sans alcool.

Laurent Ruquier

*

Quand Jean-Paul Sartre est mort, c'est Simone de Beauvoir qu'on aurait dû enterrer.

Toni Ungerer

Avec l'aimable et involontaire collaboration de :

Les cibles

Table des matières

Dans la même collection

Jean Amadou	Vous n'êtes pas obligés de me croire	5486
–	Je m'en souviendrai, de ce siècle !	6162
–	De quoi j'me mêle !	6163
–	Journal d'un bouffon	6531
–	Les pensées	7734
Élie Baroukh & David Lemberg	5 000 ans d'humour juif	4602
Guy Bedos	Pointes, piques et répliques	5414
Jacques A. Bertrand	Tristesse de la Balance et autres signes	2711
–	Le sage a dit	5354
Billy	Le meilleur des perles d'Internet	6484
Francis Blanche	Pensées, répliques et anecdotes	5228
Bertrand Blier	Pensées et répliques	6860
Philippe Bouvard	Journal drôle et impertinent	5186
Estelle Cerutti	600 devinettes bêtes et méchantes	5588
Pierre Dac	Arrière-pensées	5619
–	Essais, maximes et conférences	5920
–	L'os à moelle	6097
Christophe Dechavanne	Le meilleur des perles de la gendarmerie	4778
Jérôme Duhamel	La fête des perles	4778
–	Les perles des fonctionnaires	5209
Éric Devrot	Le meilleur des perles des enfants	7510
Jacques Dutronc	Pensées et répliques	6140
Jérôme Duhamel & Wolinski	Vos gueules les femmes !	5015
Charles de Gaulle	Traits d'esprit	6497
Jean-Marie Gourio	L'intégrale des brèves de comptoir – 1987/1991	5844
–	L'intégrale des brèves de comptoir – 1992/1993	5908
–	L'intégrale des brèves de comptoir – 1994/1995	5935
–	L'intégrale des brèves de comptoir – 1996/1997	5971
–	L'intégrale des brèves de comptoir – 1998/2000	5754

Jean-Marie Gourio & Blandine Jeanroy	Chiens de comptoir	4699
Philippe Héraclès	Le grand livre de l'humour noir	3994
Philippe Héraclès & Jean Orizet	Le grand livre des pensées les plus drôles	5947
Élie Kakou	La vérité j'te la raconte !	5098
Evelyne Leclercq	Le meilleur des perles des annonces matrimoniales	6597
William Leymergie présente	Fréquence Mômes	4331
Les Marx Brothers	Pensées, répliques et anecdotes	5334
Bruno Masure	Débloc-notes	5203
Philippe Meyer	Portraits acides et autres pensées édifiantes	5776
François Mitterrand	Pensées, répliques et anecdotes	5515
Marc-Alain Ouaknin & Dory Rotnemer	La bible de l'humour juif	4263
Marc-Alain Ouaknin	La bible de l'humour juif – 2	4976
Jean-Pierre Pernaut	Le meilleur des perles des assurances	6077
Pierre Perret	Les pensées	4819
Rire et chansons	Les meilleures histoires drôles	5566
Wolinski	Dictionnaire des pensées – Mes aveux	5861
Jean Yanne	Pensées, répliques, textes et anecdotes	5629
–	Je suis un être exquis	6675
–	J'me marre	7627

7932

Composition
CHESTEROC
Achevé d'imprimer en France (La Flèche)
par CPI BRODARD ET TAUPIN
le 30 août 2009 - 54314.

Dépôt légal août 2009. EAN 9782290330043
1er dépôt légal dans la collection février 2006

ÉDITIONS J'AI LU
87, quai Panhard-et-Levassor, 75013 Paris

Diffusion France et étranger : Flammarion